등장 캐릭터 소개

가볍게 중얼거리거나 딴지를 걸거나
토막 지식을 알려주는 동료들이야.
각각의 역할을 소개할게.

대견이

다정한 마음을 지닌 멍멍이. 작은 일로도 칭찬해 주고, 늘 대견하다며 격려해 준다.

> 살아 있다는 건 그 자체로도 대견하다멍!

척척박새

토막 지식을 알려 주는 똑똑한 새. 예의 바른 말투가 매력 포인트.

> 저한테 모르는 건 없습니다.

중얼냥이

태평하고 느긋하게 살아가는 고양이. 밥만 먹을 수 있다면 만족. 사소한 일은 마음에 두지 않는다.

> 무슨 일이든 태연하게 구는 게 최고다냥~

딴지성게

날카로운 딴지를 마구 거는 성게. 콕콕 찌르는 건 가시만이 아니다!

> 뭐라카노!!

시조나무

뭐든지 시조로 만들어 버리는 버드나무. 소재거리를 찾아 어디에든 나타난다.

> 오늘날에도 파힉은 끝없이 끝없이 발전하고 있다네.

차례

등장 캐릭터 소개—2
이 책을 보는 법—8

1 좌절한 과학 —9

좌절한 과학이란…?—10
오로라는 우리나라에서도 볼 수 있었다—12
1원짜리 동전과 사파이어는 거의 같은 성분—14
고기는 너무 신선하면 맛이 없다—16
다이아몬드는 간단하게 깨진다—18
곰벌레는 무적이지만 잘 죽는다—20
목성은 무게가 부족해 태양이 되지 못했다—22
태풍은 커 보이지만 사실 팔랑팔랑—24
선풍기를 켜면 방 안의 온도가 올라간다—26
대나무 숲의 대나무는 100년에 한 번 꽃을 피우고 이후 전멸한다—28
웃긴 이름을 가진 생물은 생각보다 많다—30

정리해서 소개!

착각하기 쉬운 ○○—32
'3초 룰'은 전혀 세이프가 아니다—34
규칙이 달라진 탓에 따돌림을 당하게 된 행성이 있다—36
아침노을은 폭우의 예고장—38
양파는 달콤하지만 매운맛에 밀리고 있다—40
물 때문에 화재가 일어날 수 있다—42
껌은 절대로 초콜릿을 이길 수 없다—44

기린은 하루에 한 시간밖에 잘 수 없다 ─ 45

> **알려지지 않은 과학자의 좌절 ①**
>
> **좀처럼 인정받지 못해 좌절!**
> 멘델 ─ 46 / 포터 ─ 47 / 츄하치 ─ 48

2 힘 빠지는 과학 ─ 49

힘 빠지는 과학이란…? ─ 50

남극은 무척 춥지만 하얀 입김이 나오지 않는다 ─ 52

똥의 반은 균과 그 시체 ─ 54

로켓 없이 엘리베이터로 우주에 갈 수 있다 ─ 56

북극은 남극에 비하면 꽤 따뜻하다 ─ 58

나비와 나방 사이엔 뚜렷한 구별점이 없다 ─ 60

엄청난 약을 콧물에서 찾아냈다?! ─ 62

입안에 있는 균은 변기에 있는 균보다 수가 많다 ─ 64

온천에서 피부가 매끈매끈해지는 건 피부 표면이 녹기 때문 ─ 66

> **정리해서 소개!**

우주에서 일어나는 안쓰러운 일 ─ 68

똥 냄새를 맡았을 땐 이미 똥 가루를 들이켠 상태 ─ 70

아이스크림의 3분의 1은 공기 ─ 72

침은 하루에 페트병 2개 분량이 나오기 때문에 튀는 건 어쩔 수 없다 ─ 74

'후─' 할 때와 '하─' 할 때의 온도는 똑같다 ─ 76

바퀴벌레는 집보다 숲에서 사는 종류가 훨씬 많다 ─ 78

뼈가 만들어지는 옆에서 뼈를 먹어 치우는 세포가 존재한다 ─ 80

균 중에도 은근 분위기를 파악하는 녀석이 존재한다 ─ 82

소의 똥 안에는 바닐라향이 숨어 있다―84

반딧불이는 몸을 빛내 '자신이 맛없다'는 사실을 알리고 있다―86

인간의 몸은 균투성이―88

'낙엽'은 나무의 배설물로 이루어져 있다―90

과자 따위의 붉은색은 곤충으로 만든다―91

북극곰은 털을 깎으면 흑곰이 된다―92

재채기의 속도는 자동차만큼 빠르다―93

펭귄은 의외로 따뜻한 곳에도 존재한다―94

성장기가 되면 여자아이도 목소리가 변한다―95

> **알려지지 않은 과학자의 좌절 ❷**
> **힘내서 연구했는데 좌절!**
> 훅―96/파브르―97/파스퇴르―98

3 고물 과학 99

고물 과학이란…?―100

전선에 앉은 새가 간전될 수도 있다―102

벚나무는 잎이 떨어지면 봄인 줄 알고 꽃을 피운다―104

몸은 생각보다 제멋대로 움직이고 있다―106

말은 가운데 발가락으로만 서 있다―108

노인의 눈썹이 긴 것은 빠지는 걸 잊어버렸기 때문―110

청어는 방귀로 대화한다―112

콧구멍은 언제나 둘 중 하나는 쉬고 있다―114

도마뱀의 꼬리는 재생이 가능하지만 완벽하지는 않다―116

육식 동물은 뒤를 보기 힘들다―118

정리해서 소개!
몸의 착각—120

새는 오줌과 똥을 같은 곳으로 내보낸다—122

사과나무는 한 그루만 있으면 열매를 맺을 수 없다—124

멜론의 그물망 같은 무늬는 너무 뚱뚱해서 생긴 것—126

헤엄을 잘 못 치는 물고기가 있다—128

개와 고양이는 친척 사이—130

정리해서 소개!
살짝 별난 별&별자리—132

염소는 식사하는 데 하루 15시간이나 걸린다—134

감자의 열매는 토마토를 닮았다—136

흰동가리는 '크기'로 성별이 결정된다—138

거북이는 너무 살이 찌면 등껍질 안에 들어가지 못한다—140

바퀴벌레는 뒤로 이동할 수 없다—141

토끼는 나무를 갉지 않으면 이가 계속해서 자란다—142

우주인은 우주에서 오줌을 마신다—143

물벼룩은 위험한 순간 뿔을 내밀지만 하루가 걸린다—144

땅콩은 흙으로 돌아가지 않으면 열매가 나지 않는다—145

알려지지 않은 과학자의 좌절 ❸
시대가 안 좋아서 좌절!
아르키메데스—146/갈릴레오—147/노벨—148

4 안쓰러운 과학 — 149

안쓰러운 과학이란…?—150

발사된 우주 탐사기는 두 번 다시 지구로 돌아오지 못한다──152

홍해파리는 불로불사지만 강하지 않다──154

씨 없는 포도는 자기한테 씨가 있다고 믿을지도 모른다──156

인간은 우주에는 갈 수 있어도 지구 중심에는 갈 수 없다──158

바이러스는 어느 쪽에도 속하지 못한 왕따 같은 존재──160

행운의 네잎클로버는 밟혀서 생기기도 한다──162

정리해서 소개!

살짝 무서운 과학──164

달은 생각보다 멀리멀리 떨어져 있다──166

지금 보고 있는 별은 이미 존재하지 않을지도 모른다──168

지구가 태어났을 땐 하루가 약 5시간이었다──170

발견되지 않은 생물이 잔뜩 있다──172

지구는 우주에서 보면 쓰레기로 둘러싸여 있다──174

어른이 되면 밥을 먹을 수 없어 죽어 버리는 벌레가 있다──176

우주의 끝에는 영원히 갈 수 없다──178

무당벌레를 시소에 올려놓으면 영원히 날아갈 수 없다──180

타임머신으로 미래에는 갈 수 있어도 과거로는 갈 수 없다──181

수명이 3일밖에 안 되는 생물이 있다──182

다랑어는 멈추면 죽어 버린다──183

과학자의 실수로 대발견!

굿이어──184 / 플레밍──185 / 사키조──186

웃기지만 살짝 도움이 된다!

이그노벨상 수상작품──187

※이 책은 2019년 2월 20일 기준의 정보를 토대로 만들었습니다.

이 책을 보는 법

이 책에서는 '엉뚱한' 지식을 일러스트와 간단한 설명을 통해 소개하고 있어.

1 얼마나 ●●●한가?

장마다 각 주제에 따라 '얼마나 ●●●한가?'를 5단계로 나타내는 마크야.

2 장르별 아이콘

주제와는 별도로 5개의 장르로 나눠 알아보기 쉽게 만들었어.

3 자세한 해설

해당 현상이 일어나는 구조, 그렇게 생각하는 이유를 일러스트와 함께 해설하고 있어.

4 캐릭터의 코멘트

다섯 명의 캐릭터(→P2)가 토막 지식을 덧붙이거나 딴지를 걸기도 해.

1 좌절한 과학

좌절한 과학이란…?

좌절. 뭔가 분하다. 아깝다.
생각한 것과는 다르다. 유감. 그런 과학.

요컨대 '유감'이라는 거구냥~

거기에 '분함'의 에센스를 더한 것입니다.

좌절이라는 마음을 품은 채로 나아가리라.

좌절을 겪었기에 더욱 힘낼 수 있는 거다멍!

나라면 그 분함, 딴지를 팍팍 걸어서 풀 거야!

좌절 측정기를 체크!

좌절지수
- 1 살짝 좌절
- 2 그럭저럭 좌절
- 3 평범하게 좌절
- 4 제법 좌절
- 5 분해서 잠이 안 올 정도로 좌절

이런 것들에도 좌절이 숨어 있다?!

좌절

자연

보기 드문
오로라 — 12

단단~한
다이아몬드 — 18

강해 보이는
태풍 — 24

보게 되면 기적
대나무의 꽃 — 28

아름다운
아침노을 — 38

우주

유달리 거대한
목성 — 22

따돌림을 당한
명왕성 — 36

생활

아름다운
사파이어 — 14

신선한
고기 — 16

시원해야 할 터인
선풍기 — 26

매~운
양파 — 40

설마 하던
화재 — 42

생물

무적의
곰벌레 — 20

생물의
이름 짓기 — 30

기린의 수면 시간 — 45

오로라는
우리나라에서도 볼 수 있었다

북극이나 남극 근처의 밤하늘에서 아름답게 빛나는 '오로라'. 한 번은 보고 싶지. 근데 오로라는 우리나라에서도 볼 수 있었어.

북극과 남극에서 오로라를 보기 쉬운 이유는 지구가 북극이 S극, 남극이 N극인 거대한 자석으로 이루어져 있다는 것과 관련이 있어. 태양에서 날아오는 작은 입자(주로 전기를 띤 '전자(電子)')가 지구의 북극과 남극으로 빨려 들면서 공기와 부딪힐 때 나타나는 빛이 오로라거든.

그래서 북극이나 남극에서 가장 보기 쉽지. 하지만 우리나라에서도 고려시대부터 조선시대까지 7백여 건이나 하늘에 나타난 붉은 기운에 대한 관측 기록이 남아 있다고 해.

안타깝게도 현재 우리나라에서 오로라는 관측되지 않아. 그 이유는 지구 자북극(지구 자기장의 북극)이 계속 이동하기 때문이야.

태양의 활동이 활발해지면 5년에 한 번 꼴로 거대한 오로라가 나타나, 그 색은 위에서부터 차례대로 빨강, 초록, 보라, 분홍이야. 이 중 윗부분만 일본에서도 볼 수 있지.

새가 주는 새 지식

오로라의 색은 산소나 질소 같은 공기 안의 입자가 무엇이냐에 따라 달라집니다.

척척박새

1원짜리 동전과 사파이어는 거의 같은 성분

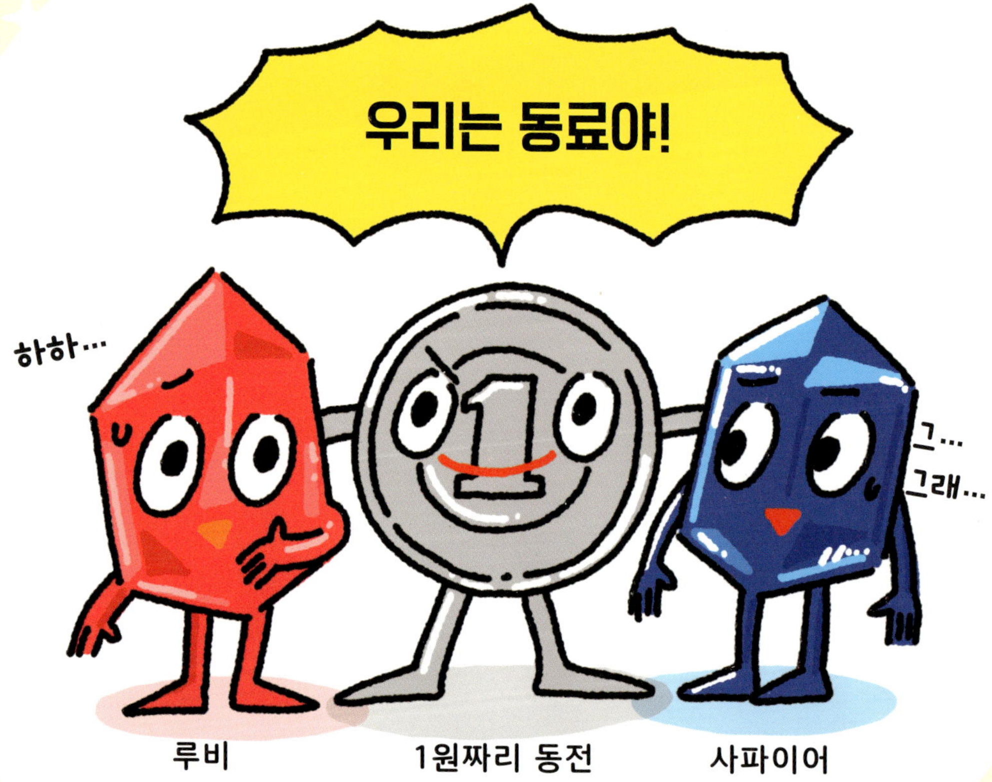

보석 중에서도 특히 아름답다고 하는 짙은 파란색의 사파이어와 진한 빨간색의 루비. 둘은 색은 다르지만 성분은 같아. 둘 다 알루미늄에 산소가 달라붙은 '산화 알루미늄'으로 이루어져 있거든.

그런데 같은 알루미늄으로 만들어진 우리나라의 1원짜리 동전은 반짝반짝한 은색이 아니라 탁한 하얀색으로 보이지. 이건 사용하는 동안 표면의 알루미늄이 산소와 달라붙어 그렇게 보이게 된 거야. 즉, 1원짜리 동전의 표면도 같은 산화 알루미늄이라는 뜻이지.

산화 알루미늄 자체는 하얗지만 철이나 티탄 같은 금속 성분이 들어가면 파랗게 빛나는 사파이어가 돼. 크롬 같은 금속 성분이 들어가면 빨간 루비가 되고.

1원짜리 동전과 보석 사이에는 아주 약간의 차이밖에 없는 거야.

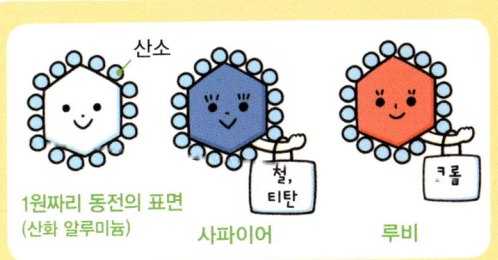

1원짜리 동전의 표면과 사파이어, 루비의 바탕이 되는 성분은 동일. 따라서 1원짜리 동전의 표면성분을 모아 열을 가해 녹인 뒤 금속 성분을 더하면 보석으로 만들 수도 있어.

※우리나라의 1원짜리 동전은 1991년 이후로는 유통용이 아니라 기념 주화용으로 매년 소량 발행되고 있습니다.

뭐라카노!!
그렇군~ 1원짜리 동전은 곧 보석이나 마찬가지... 그럴 리가 있나!

딴지성게

맛이 없다
고기는 너무 신선하면

"아차! 딱딱해졌네."

우두둑

고양고양한 명언

이왕 먹을 거면
맛있을 때 먹고 싶다냥~

중얼냥이

조금만 더 기다렸다 먹을까?

'신선한 먹을거리는 맛있다'고 흔히들 말하지만 소, 돼지, 닭, 양, 사슴 등 동물의 고기는 그렇지 않아. 죽으면 근육이 움직이지 않게 되므로 죽고 나서 시간이 조금만 흘러도 점점 딱딱해지지.

소는 하루, 돼지는 반나절 정도 지났을 때 고기가 가장 딱딱하다고 해.

하지만 그 뒤에는 고기에 포함된 효소 따위의 성분에 의해 다시 부드러워지고, 동시에 맛있어져.

가게에서 파는 고기는 동물을 처리한 뒤 저온에서 보존하여 다시 부드럽게 만든 거야. 소고기의 경우에는 대략 7~10일 정도 보존한 뒤에 팔고 있지.

그렇다고 시간이 너무 지나면 상해 버리지. 먹을 수 있는 기간은 정말 짧아.

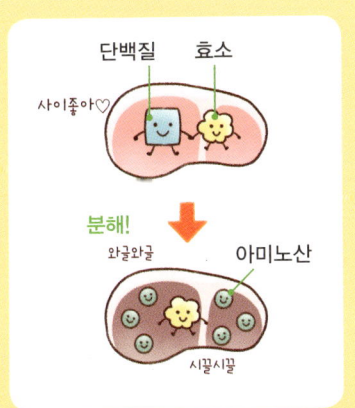

고기 안의 효소는 단백질을 분해, 아미노산으로 바꿔. 아미노산은 감칠맛을 내는 성분으로 고기를 부드럽게, 그리고 맛있게 만들어 주지.

다이아몬드는 간단하게 깨진다

자연

비싼 보석으로 유명한 다이아몬드는 천연석 중 가장 단단하지. 다이아몬드로 유리를 긁기만 해도 쉽게 홈집이 생기고, 암석이나 콘크리트를 자르는 커터에도 다이아몬드 가루를 사용하고 있어.

그런 다이아몬드에도 약점이 2개 존재해. 하나는 '고온'. 대기 중에서 1100도 이상의 고온을 받으면 불타서 기체(이산화 탄소)가 되어 사라지거든.

다른 하나는 '충격'이야. 사실 다이아몬드는 깨지기 쉬워. 날붙이로 자르려고 하면 상처도 나지 않지만, 강한 힘으로 쾅 때리면 깨져 버리지. 단단하지만 깨지기 쉬운 이유는 서로 달라붙는 '질긴 정도(인성)'가 부족하기 때문. 가격면에서 낮은 '비취'라는 보석 쪽이 20배 정도는 깨뜨리기 어려워.

다이아몬드 결정은 2개의 피라미드가 바닥면을 합친 듯한 형태를 띠고 있어. 이러한 면이 벗겨지듯 떨어져 나가면서 깨지는 거지.

새가 주는 새 지식

1100도는 상당히 높은 온도이므로 화재로 다이아가 사라질 일은 없습니다.

척척박새

곰벌레는 무적이지만 잘 죽는다

이끼나 축축한 낙엽 같은 곳에서 사는 '곰벌레(완보동물)'는 크기가 약 1~2밀리미터야. 땅딸막한 체형이 곰을 닮았지.

곰벌레는 보통 축축한 환경에서 생활하고 있어. 하지만 수분이 없는 환경에 처하면 천천히 건조시키며 몸을 줄여 둥글게 만들지. 이렇게 되면 거의 무적이야.

무적 모드에 들어간 곰벌레는 150도 이상의 높은 온도부터 -150도 이하의 낮은 온도까지, 나아가 공기가 없는 진공이나 우주에서도 멀쩡해. 아무것도 먹지 않고 잠만 자면서 10년 가까이 생존할 수 있지. 하지만 습기가 있는 환경에서 살 때의 수명은 한 달에서 1년 정도밖에 안 돼. 또 짓누르면 쉽게 죽어 버리며, 곤충이나 거미한테 잡아먹히기도 쉬워. 약점도 많은 생물이야.

주위에 물이 있다   물이 없어진다   건면

곰벌레는 건조해지면 몸을 작고 둥글게 만들어 '건면(乾眠)'을 취해. 메마르고 움직이지 않아 죽은 것처럼 보이지만 잠든 것뿐. 물에 닿으면 원래대로 돌아와.

> 마른 곳에선 강한 곰벌레지만 약한 몸이네.

시조나무

목성은 무게가 부족해
태양이 되지

성적 발표

수소 | 헬륨 | 무게

고양고양한 명언

목성은 이대로도 충분히 예쁘다냥~

중얼냥이

못했다

태양은 '항성'이라는, 스스로 빛을 내는 별이야. 표면에 지구처럼 딱딱한 지면이 없고, 수소나 헬륨 같은 가벼운 가스로 이루어져 있지. 한편 목성은 태양 주위를 도는 별 중 하나. 목성은 태양과 거의 같은 성분으로 이루어져 있어. 그럼 왜 목성은 태양처럼 빛을 내지 못하는 걸까?

그건 크기와 무게에서 비교가 안 되기 때문이야. 태양의 크기(직경)는 목성의 약 10배, 무게는 약 1000배나 돼.

크고 무거운 태양 안에서는 수소 입자가 서로 충돌하며 엄청난 에너지를 만들어 내고 있지. 이 에너지로 태양은 빛을 내는 거야.

목성은 태양에 비하면 훨씬 작아서 수소 입자가 충돌하지 않아. 크기가 더 컸다면 목성도 태양이 될 수 있었을 텐데, 아쉽겠네.

태양보다 작다고는 해도 목성의 직경은 지구의 약 11배. 태양을 도는 별 중에서는 가장 거대한 별이지. 태양은 격이 다를 정도로 크기 때문에 빛을 내는 거야.

태풍이 오면 TV의 일기 예보에서 우리나라 지도 위를 완전히 뒤덮는 거대한 소용돌이 형태의 구름을 본 적이 있을 거야.

위에서 내려다본 태풍은 엄청 거대해서 직경이 1200킬로미터(서울~부산 거리의 약 3배)나 돼. 거대한 태풍이 되면 한가운데에 소용돌이의 중심이 되는 '눈'이 생기지.

그럼 옆에서 보면 어떻게 될까? 그 높이는 12킬로미터 정도에 불과해. 높이와 폭의 길이가 100배나 차이 나는 거야.

이러한 차이를 근처의 사물에서 찾아보면 딱 CD의 원반형과 비슷하지. 한가운데의 눈 부분이 CD의 중심에 있는 구멍인 셈이고.

태풍은 의외로 팔랑팔랑하지만, 그렇다고 무섭다는 사실이 달라지는 건 아니야.

엄청 커 보이지만…
위에서 보면

사실은 무척 얇다
옆에서 보면

태풍은 따뜻한 남쪽 바다 위에서 생긴 구름의 소용돌이. 구름은 너무 높은 곳에서는 생길 수 없으므로, 열기가 강해져도 위아래로 부풀지 않고 옆으로 퍼지게 돼.

이런 점이 대단하다멍!

얇다 하더라도
태풍의 힘은 엄청나다멍!

대견이

선풍기를 켜면 방 안의 온도가 올라간다

더운 여름, 선풍기 바람을 쐬면 땀이 쫙 마르면서 시원해지지. 근데 사실 선풍기를 켜면 방 안의 온도는 조금씩 올라가.

선풍기는 날개를 빙글빙글 돌려 바람을 일으키지. 하지만 이건 방의 공기를 뒤섞는 것뿐이고 온도는 내려가지 않아. 오히려 전기 에너지로 모터가 돌아가면서 뜨거워지므로 방의 온도는 올라가지.

그럼 왜 시원하다고 느끼는 걸까? 그건 땀을 흘리는 몸 표면에 바람이 닿으면 땀이 증발하면서 열을 빼앗아 가기 때문이야. 또한 몸 주변의 따뜻한 공기를 날려버리는 역할도 하지.

참고로 아이스크림을 선풍기 앞에서 먹으면 금방 녹아 버려. 주위의 차가운 공기가 날아가면서 역으로 따뜻해지기 때문이야.

땀(수분)이 바람을 맞아 증발할 때 몸에서 열을 데려가게 돼. 한여름에 정원이나 복도에 물을 뿌리면 시원해지는 것과 같은 원리지.

새가 주는 새 지식

액체가 증발하면서 주위에서 빼앗는 열을 '기화열'이라 합니다.

척척박새

대나무 숲의 대나무는 100년에 한 번 꽃을 피우고 이후 전멸한다

판다가 좋아하는 걸로도 유명한 대나무는 벼와 친척인 식물. 성장이 무척 빨라 하루에 1미터 이상 자랐다는 기록도 있지. 한 그루의 수명은 두꺼울수록 길고, 평균 수명은 20년 정도라고 해.

그런데 대나무에도 꽃이 핀다는 사실을 알고 있어? 만약 본 적이 있다면 운이 좋은 거야. 왜냐면 대나무는 약 60~120년에 한 번만 꽃을 피운다고 하기 때문이야. 시드는 순간에만 꽃을 피우거든.

대나무는 하나의 지하경(땅속에 있는 줄기)에서 여러 그루가 자라나. 따라서 꽃을 피운 뒤에는 같은 지하경으로 이어진 대나무들이 일제히 시드는 경우도 있어. 대나무 숲 전체가 통째로 사라진 적도 있지. 시들기 전에 꽃을 피워 씨앗을 남기다니, 왠지 로맨틱하지 않아?!

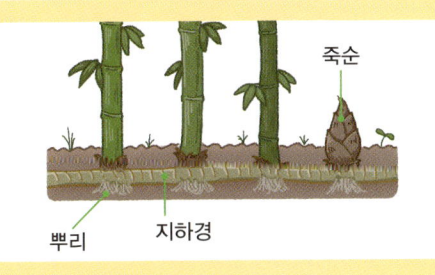

대나무는 지하경의 성장도 빠른데, 1년에 5미터나 자랐다는 기록도 존재해. 죽순은 3~4년 정도 된 지하경에서 자라는 경우가 대부분이며, 그 뒤에는 수가 줄어들어.

보기 참 힘든
대나무 꽃보다
맛있는 죽순이 우선.

시조나무

웃긴 이름을 가진
생물은 생각보다 많다

애기똥풀, 깽깽이풀, 며느리배꼽 등 재미있는 식물 이름은 물론 말똥게, 도둑게, 밤게처럼 특정 명사가 붙은 이름과 '쥐여우원숭이'처럼 쥐? 여우? 아니면 원숭이? 뭐가 뭔지 알 수 없는 이상한 이름이 붙은 생물도 있어.

특히 전 세계 공통되게 통용되는 학명(학술적 이름)의 경우는 더욱 재미있는 게 많아.

학명은 현재 사용되지 않는 언어인 라틴어로 만들어지는데 그 생물을 처음 발견한 사람 이름을 넣거나 좋아하는 배우 이름을 넣어 만들어지기도 해.

스타워즈 영화에 나오는 '한 솔로'란 이름의 삼엽충이 있는가 하면 안젤리나 졸리의 이름을 딴 거미도 있어.

털보부채게

매끈이송편게

털보부채게와 매끈이송편게처럼 이름 안에 질감과 모양을 동시에 표현한 이름도 있어. 털이 많이 달린 부채와 매끈매끈한 송편 등 이름만 들어도 모양이 연상되지.

뭐라카노!!

'딴지성게'라는 이름도 웃기려고 지은 거지?

딴지성게

정리해서 소개!
착각하기 쉬운 ○○

자주 착각하긴 하지만 사실은 다른 것들을 소개할게.

사실은…
무당게는 사실 게가 아니라 소라게의 일종

무당게는 생물학적으로 분류하면 게가 아니라 소라 껍질을 두르고 생활하는 '소라게'의 일종. 소라게와 마찬가지로 옆만이 아니라 앞뒤로도 걸을 수 있어.

사실은…
오징어의 다리는 10개가 아니라 8개

오징어의 다리 중 특히 긴 두 개는 '촉완'이라 불리는 팔의 일종. 촉완에는 흡판과 날카로운 이빨이 달려 있어 먹잇감을 꽉 붙잡을 수 있지.

(10개 전부 '발'이나 '팔'이라고 부르기도 해.)

수국의 꽃잎처럼 생긴 건
꽃잎이 아니다

수국의 꽃에서 하늘하늘한 부분은 꽃잎이 아니라 '꽃받침'. 꽃은 꽃받침 아래쪽에 작고 귀엽게 펴. 자그마한 꽃이 한가운데에 모여 있는 경우도 있지.

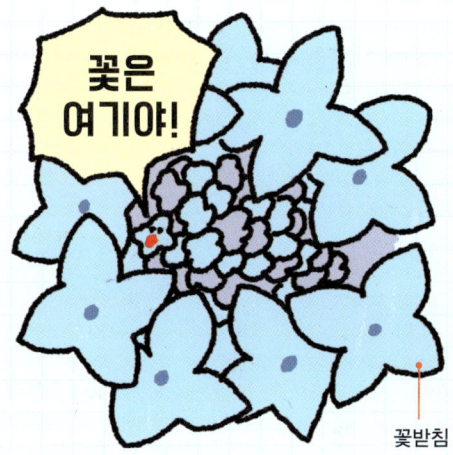

하이에나는 그렇게
약삭빠르지 않다

먹이를 가로챈다는 인식이 큰 하이에나, 하지만 사실 사냥 실력이 무척 뛰어나. 오히려 사냥한 먹잇감을 사자에게 빼앗기는 경우가 많지.

먹을 것을 떨어뜨렸을 때 3초 이내에 주우면 세이프, 더럽지 않으니 먹을 수 있다… 라는 '3초 룰'을 알고 있어? 외국에서는 조금 더 길어서 '5초 룰'일 때도 있는데, 정말 괜찮은 걸까?

다양한 음식을 떨어뜨리는 실험을 통해 잘 조사해 보니 3초이든 5초이든 아웃이라는 걸 알아냈어. 떨어진 곳에 균이 있다면 한순간이라 해도 눈에 보이지 않는 작은 균이 이미 들러붙은 상태인 거지. 게다가 융단 같은 것보다 깨끗해 보이는, 표면이 맨질맨질한 스테인리스나 타일에 떨어뜨리는 쪽이 훨씬 균이 들러붙기 쉬워.

표면이 축축한 먹을 것을 떨어뜨리면 균이 더더욱 들러붙기 쉽지. 아주 약간만 몸에 들어와도 병을 일으키는 균도 존재해. 떨어진 음식은 먹지 말자.

스탬프의 잉크 위에 쿠키를 떨어뜨리면 금방 색이 묻는 것처럼 1초 이내에 균이 들러붙지. 떨어뜨렸다면 얌전히 포기하자.

고양고양한 명언

인간은 떨어뜨린 음식을 먹지 못하다니 불쌍하다냥~

중얼냥이

규칙이 달라진 탓에 따돌림을 당하게 된 행성이 있다

'명왕성'을 알고 있어? 해왕성 다음에 위치하며 오랫동안 태양계의 '※행성'으로 여겨지던 별이야.

근데 2006년에 행성에 대한 규칙이 변경되면서 행성이 아니게 되었지. 지금은 '※왜행성'으로 취급하고 있어.

행성의 조건은 '태양 주위를 제대로 돌고 있을 것', '둥글 것', '주위에 비해 훨씬 클 것' 등이야.

명왕성이 따돌림을 당하게 된 원인은 세 번째 이유 때문이야. 최근에 명왕성보다 약간 먼 곳에서 명왕성과 비슷한 크기의 별 '에리스'를 발견했거든. 그 밖에도 비슷한 크기의 별을 여럿 발견했기 때문에 명왕성이 훨씬 큰 별이 아니게 된 거야.

앞으로 기술이 진보해 더욱 정확하게 우주를 관찰할 수 있게 되면 또 규칙이 달라질지도?!

태양과 그 주위를 도는 행성들을 '태양계'라고 해. 태양계의 행성은 총 8개가 있지. 사실은 달보다도 작은 명왕성 행성이었던 게 기적일지도?!

뭐라카노!!
그보다 달보다도 작은데 용케 행성이 됐었구나! 잘도 발견했네!

딴지성게

※행성: 태양계 주위를 같은 궤도로 도는, 주위에 비해 큰 별을 말한다.
※왜행성: 태양계 주위를 같은 궤도로 도는, 행성보다 크기가 작은 별을 말한다.

아침노을은 폭우의

오늘 날씨

반짜—악

앗!

척척박새

새가 주는 새 지식
비행기구름이 두껍고 잘 사라지지 않을 때에도 비가 내린다고 합니다.

예고장

아침에 일찍 일어났을 때 동쪽 하늘이 노을처럼 붉게 물든 모습을 본 적이 있어? 이는 태양이 막 떠오르고 있다는 신호로 아침노을이라고 해. 아침에 하늘이 맑으면 '오늘은 맑고 기분 좋은 하루가 되겠구나!' 하면서 마음이 들뜨곤 하지.

근데 잠깐 기다려 봐. 아침노을이 보인다는 것은 앞으로 날씨가 안 좋아진다는 신호일지도 모르거든. 특히 옅은 구름이 하늘 일대에 퍼져 있을 경우에는 비가 내릴 우려가 있어.

왜냐하면 날씨는 서쪽에서 동쪽으로 이동하며 바뀌기 때문이야. 우리나라의 하늘에서는 서쪽에서 동쪽으로 '편서풍'이라는 강한 바람이 불고 있지. 편서풍을 타고 비구름 따위도 이동하기 때문에 날씨를 예상할 수 있는 거야. 반대로 저녁노을이 아름다운 날에는 다음 날에도 날씨가 좋은 경우가 많지.

아침에 동쪽 하늘이 밝아지는 걸 보고 '날이 갰다'고 생각하겠지만, 서쪽에서는 비구름이 점점 다가오고 있을지도 몰라. 비구름이 도착하면 비가 내리겠지.

양파는 달콤하지만 매운맛에 밀리고 있다

샐러드 따위에서 양파를 먹고 '맵다'고 느낀 적 있어? 근데 카레나 스튜에 들어간, 푹 익은 양파는 참 달게 느껴지지.

사실 양파는 단맛이 무척 강한 채소야. 종류에 따라 다르긴 하지만 단 정도를 나타내는 '당도'가 10으로 딸기에 버금가는 수준이라고 하지.

다만 매운맛 또한 버금갈 정도로 강해. 생양파를 부엌칼로 잘랐을 때 눈물이 나는 이유는 매운 성분이 공기 중에 퍼지면서 눈 주변의 신경을 자극하기 때문이야. 생으로 먹으면 매운맛만 느껴지지.

하지만 열을 가하면 매운맛을 내는 성분이 기체가 되어 분해되므로 매운맛을 내지 않게 돼. 그리고 그만큼 달콤함이 두드러지게 되지. 마찬가지로 매운 성분이 강한 파나 마늘도 열을 가하면 달아져.

가열하면 매운 성분인 '황화 알릴'이 분해돼. 따라서 매운맛을 느끼지 않게 되고, 양파가 본래 지닌 단맛을 느끼기 쉬워지지.

새가 주는 새 지식

매운 성분에는 살균 및 면역력 증가 효과도 있어 나쁘기만 한 건 아니랍니다.

척척박새

물 때문에 화재가 일어날 수 있다

째앵-!!

시원해서 좋겠다~♪

시원하지도 않고… 불이 났는데?!

화륵…

불이 나면 보통 물을 사용해 불을 끄지. 근데 불을 꺼야 하는 물 때문에 오히려 화재가 발생하는 경우도 있어.

원인은 바로 태양 때문이야. 보통 태양빛은 뜨겁다고 느끼긴 해도 불이 붙을 정도는 아니지.

그런데 돋보기처럼 테두리보다 중앙 부분이 두꺼운 '볼록 렌즈'를 통과한 태양빛이 한 점으로 모이면 엄청난 열을 내어 종이 따위를 태우게 되는 경우가 있어.

그리고 돋보기와 마찬가지로 태양빛을 모으는 볼록 렌즈 역할을 하는 것이 물이야. 유리로 된 꽃병이나 수조, 페트병처럼 물이 들어간 것은 볼록렌즈가 되기 쉬워. 햇빛을 직접 쬐지 않는 곳에 두거나 근처에 불타기 쉬운 물건을 두지 않도록 하자.

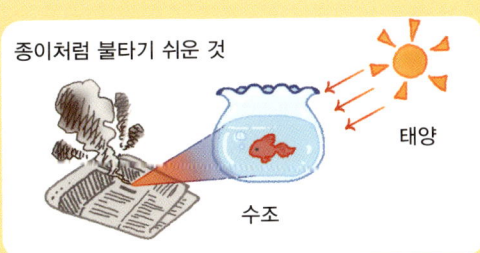

태양의 빛은 볼록 렌즈를 지나 한 점에 모이면 온도가 무척 높아져. 1분 안에 불이 붙을 때도 있지. 이런 화재를 '수렴 화재'라고 해.

고양고양한 명언

당황하지 말고 수조의 물로 불을 끄면 된다냥~

중얼냥이

껌은 절대로
초콜릿을 이길 수 없다

껌은 타액이나 물에는 녹지 않도록 식물 따위가 원료인 수지를 이용해 만들어.

근데 수지는 기름에는 녹아 버리는 성질이 있거든. 그래서 기름이 잔뜩 포함된 초콜릿과 같이 껌을 입에 넣으면 조금씩 녹아 버리지. 감자칩이나 쿠키 같은 것과 먹어도 마찬가지.

녹아 버린 껌을 같이 삼켜도 몸에 큰 해는 없어.

입안에서 슥 녹아서 사라지는 껌의 매직 쇼!

시조나무

기린은 하루에
한 시간밖에 잘 수 없다

기린의 하루 수면 시간은 1시간 남짓이야. 초식 동물인 기린은 사자 같은 육식 동물의 습격을 대비해 짧은 시간만 잠들어. 또한 거대한 몸을 유지하기 위해서는 대량의 풀을 먹을 시간이 필요하기 때문에 잠을 적게 잔다는 말도 있어.
선 채로 자는 경우도 많지만, 앉거나 목을 둥글게 말아 몸통에 얹는 등 별난 자세로 잘 때도 있지.

고양고양한 명언

하루 18시간 잠자는 고양이에 비하면 충실한 하루를 보내는구냥~

중얼냥이

과학자의 좌절

① 좀처럼 인정받지 못해 좌절!

멘델

과학자로 인정받지 못했어!

너와 넌 많이 닮았구나 ♥

그레고어 멘델. 1822~1884년. 오스트리아의 수도 사제로 유전 법칙을 발견한 식물학자.

단순하고 간단한 실험을 반복

수도 사제였던 멘델은 수학과 식물학에 흥미가 있었기에 정원에서 완두콩을 재배하여 연구했다.
여러 줄기를 기르는 사이, 같은 종류의 완두콩 중에서도 다양한 형태나 색을 지녔음을 깨닫고 그 이유를 조사하게 되었다.
이는 완두콩을 꽃이나 콩알의 색 등에 따라 분류하여 기르고 하나하나 결과를 기록한다는, 단순하고도 귀찮은 실험이었다.

같은 시대의 그 누구도 알아주지 않았다

귀찮은 실험을 8년이나 계속한 멘델은 드디어 식물의 유전에는 법칙이 존재한다는 사실을 밝혀낸다. 하지만 당시에는 그 누구도 이러한 중요성을 믿어 주지 않았다. 멘델이 과학자가 아닌 수도 사제였다는 것도 이유 중의 하나였다.
발표로부터 35년, 멘델이 사망하고 16년 뒤, 다른 과학자가 재발견해 드디어 그 가치를 인정받게 되었다.

포터

베아트릭스 포터. 1866~1943년. 영국의 그림책 작가로 《피터 래빗》 시리즈를 지었다.

무시당했다! 여성이라고

너무나도 좋아하는 버섯 연구를 인정받지 못했다

포터는 어릴 적부터 동물이나 식물을 관찰하며 스케치하는 것을 좋아했다. 특히 버섯 같은 균류를 좋아했다.

31살이 되자 그때까지의 연구를 통해 정리한 논문을 학회에 발표했다. 그러나 누구도 상대해 주지 않았다. 그 시대에는 여성 연구자가 무척 드물었고, 내용과 상관없이 여자라는 이유만으로 무시하는 경우가 많았기 때문이다.

버섯 연구자에서 그림책 작가로 변신

포터는 실망하여 버섯 연구에 대한 열정을 잃어버렸다.

그러나 이후 마음을 바꿔 그림책을 그리는 데 힘을 기울였다. 이리하여 탄생한 것이 《피터 래빗》 시리즈. 식물이나 동물을 정확하게 묘사하는 포터의 실력을 잘 살린 작품이다.

참고로 학회는 1977년에야 겨우 남녀 차별이 있었음을 인정하고 정식으로 사과했다.

츄하치

> 얘기를 믿어 주지 않아!

니노미야 츄하치.
1866~1936년.
일본에서 처음으로
비행기를 발명했다.

※ 처음으로 사람을 태운 비행기를 띄우는 데 성공한 미국의 발명가 형제.

까마귀가 날갯짓하는 모습에서 힌트를

츄하치는 23살 무렵, 날개를 펼친 채 하늘을 나는 까마귀를 보고 날갯짓을 하지 않아도 날 수 있지 않을까 생각했다.

그날부터 츄하치는 열심히 비행기 연구를 시작, 1890년 '까마귀형 모형 비행기'를 완성. 실험해 보니 10미터 정도를 날 수 있었다. 이후에도 다양한 모형 비행기를 제작, '이거라면 날 수 있다!' 는 생각을 품게 되었다.

사람들 앞에서 비행기 모형을 날리다

군대에 들어가게 된 츄하치는 사람을 태운 진짜 비행기를 띄우고 싶다고 생각했다. 1894년, 비행기 모형을 군부 사람들에게 선보이며 만들고 싶다는 부탁을 했다.

그러나 그들은 '사람이 하늘을 날다니 말도 안 된다'며 전혀 상대해 주지 않았다. 이윽고 1903년 ※라이트 형제가 세계 최초로 비행에 성공한다.

2 힘 빠지는 과학

타액 특공대!!

힘 빠지는 과학이란…?

너무나도 어이없어 힘이 빠진다.
진지하게 생각하는 게 바보처럼 느껴진다. 그런 과학.

편안하게 쉬는 걸 어려워하는 저에게 딱 맞는 과학입니다.

넌 언제나 지나치게 진지하다냥~

가끔은 어깨에서 힘을 빼고 심호흡을 해라멍!

문득 깨닫네~
오늘 하루도
이리 지나갔구나.

그건 너무 힘이 빠졌잖아!

힘 빠지는 측정기를 체크!

탈력지수

1 - 살짝 힘 빠진다
2 - 조금 힘 빠진다
3 - 추욱 힘 빠진다
4 - 후들거릴 정도로 힘 빠진다
5 - 힘이 너무 빠져서 서 있을 수도 없어~

이런 것들에도 힘이 빠진다?!

자연

무척 추운
남극 —52

사실은 따뜻하다?!
북극 —58

아름다운
낙엽 —90

생물

예쁜
나비 —60

징그러운
바퀴벌레 —78

더러워~
소의 똥 —84

새하얀
북극곰 —92

펭귄
이 사는 곳 —94

우주

꿈의
엘리베이터 —56

생활

피부가 매끈매끈♪
온천 —66

맛있는
아이스크림 —72

빨간색의 # 과자 —91

몸

똥
의 정체 —54

더럽다고?
콧물 —62

성장기의
변성 —95

(51)

남극은 무척 춥지만
하얀 입김이 나오지

남극이지만 춥지 않다, 춥지 않아….
왜냐면, 입김이 하얗지 않으니까…!

후―…
부들부들 부들부들

새가 주는 새 지식
※설상차가 지나가면 배기가스의 먼지 때문에 일순간 입김이 하얗게 됩니다.

척척박새

※설상차: 눈이나 얼음 위를 달릴 수 있도록 폭이 넓은 무한궤도를 장치한 특수 자동차.

않는다

남극의 평균 기온은 영하 57도. 엄~청 추운 곳이니 내뿜는 숨은 언제나 하얗다… 그렇게 생각하겠지?

하지만 남극에서는 숨을 내뿜어도 하얗게 되지 않아. 왜냐하면 <mark>남극의 공기가 깨끗하기 때문이지.</mark>

<mark>추울 때 날숨의 수분은 차갑게 식은 공기 안의 먼지와 부딪히며 급격하게 온도가 떨어지면서 그대로 달라붙게 돼.</mark> 먼지에 수분이 잔뜩 달라붙으면 거대한 물 덩어리가 되어 눈으로 볼 수 있지. 이것이 '하얀 입김'의 정체야. 남극의 공기는 너무나도 깨끗해서 <mark>수분과 결합할 먼지가 없어 내뿜은 숨도 하얗게 되지 않아.</mark>

하지만 입김이 하얗게 되지 않는다고 춥지 않다 생각할 수 있는 건 한순간에 불과해. 숨의 수분이 달라붙은 눈썹 같은 부분은 딱딱하게 얼고, 그대로 호흡을 계속하면 목이나 폐가 얼어 위험할 수 있거든.

숨과 공기의 온도에 별 차이 없을 경우엔 날숨 안의 물 입자가 그대로 공기 중으로 날아가 버려. 추울 땐 먼지에 달라붙어 눈에 보이는 거고.

똥의 *반은
균과 그 시체

※ 수분을 제외했을 경우.

잔뜩 음식을 먹은 다음 날 잔뜩 나오는 게 뭐~게? 그건 바로 똥! 똥은 무엇으로 이루어져 있을까 생각해 본 적 있어?

가장 많은 것은 수분으로 똥의 60% 이상을 차지해. 그리고 수분 다음으로 많은 것은 균이야. 먹은 것의 찌꺼기는 똥 전체의 5% 정도밖에 안 돼. 먹은 것 대부분은 몸에 흡수되거든.

수분을 제외하면 똥의 반 정도는 균인 셈이야. 죽은 균도 많지만, 살아 있는 균이 그대로 들어가 있는 경우도 있어.

사실 인간의 배 속에는 100조 개 이상의 균이 존재해. 가끔 독을 내뿜는 나쁜 균도 있지만 대부분 무해한 균이지.

게다가 우리가 먹어서 영양으로 만들고 남은 찌꺼기를 분해하여 배 속의 상태를 건강하게 유지해 주는 균도 있어.

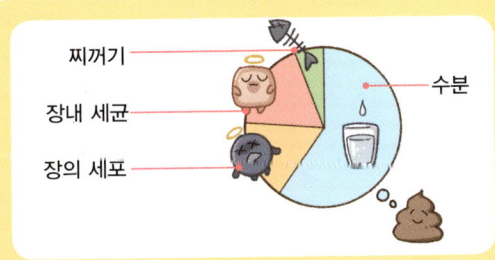

똥의 성분은 수분이 60%. 나머지는 장 안에 있던 균이나 그 시체가 약 15%고, 장의 벽면이 떨어져 나간 것이 약 20%. 먹은 음식의 찌꺼기는 5%에 불과해.

뭐라카노!!
똥의 대부분은 원래 장 안에 있었던 거라고?!

딴지성게

로켓 없이 엘리베이터로 우주에 갈 수 있다

우주는 공부와 훈련을 열심히 하고 *KARI나 NASA에 선택된 사람만이 로켓을 타고 갈 수 있는 곳이라고 생각하겠지?

하지만 앞으로 몇십 년만 지나면 엘리베이터를 타기만 해도 누구나 갈 수 있는 곳이 될지도 몰라. <mark>이를 가능케 하는 것이 '우주 엘리베이터' 계획</mark>이지.

엘리베이터라 해도 높은 빌딩을 오르내리는 상자와는 좀 달라. <mark>우주까지 쭉 솟아오른 케이블(레일) 위를 열차로 여행한다는 느낌</mark>이지. KTX 정도의 속도로 달리면 인공위성(정지 위성)이 위치하는 곳까지 대략 일주일이면 도착해.

<mark>우주 엘리베이터라면 우주에 사람이나 물건을 수송할 때 로켓보다 안전하고 돈도 훨씬 적게 들어.</mark> 현재 여러 나라와 기업, 단체가 만들기 위해 연구 중이야.

탄력

우주의 역이 될 *정지 위성까지는 지상으로부터 약 3만 6000킬로미터. 따라서 KTX의 최고 속도(시속 300킬로미터)로도 약 일주일은 걸리지.

새가 주는 새 지식

엘리베이터에는 '탄소 나노 튜브'라는 튼튼한 재료를 사용할 예정입니다.

척척박새

※KARI는 한국항공우주연구원, NASA는 미국항공우주국.
※정지 위성: 공전주기가 지구의 자전주기와 같아서 지표면에서 볼 때 항상 같은 곳에 정지해 있는 것처럼 보이는 위성.

북극은 남극에 비하면
꽤 따뜻하다

북극과 남극은 지구에서도 특히 추운 곳이지. 북극의 관측 기지에서는 1년 평균 기온이 영하 6.2도, 가장 추운 최저 기온이 영하 42.2도에 달해.

그런데 남극의 기지 중 하나인 보스토크 남극기지(러시아 관측 기지)의 연평균 기온은 ※영하 55도라고 해. 심지어 영하 89.2도까지 내려간 적도 있는데 이것은 드라이아이스보다 더 낮은 온도지.

북극은 거대한 얼음덩어리로, 얼음 아래의 바닷물이 약간이나마 열기를 지니고 있어 따뜻한 거야.

남극은 얼음 아래가 육지라서 따뜻해지지 않는 거지. 또한 남극은 해발 고도도 높아서 더욱 추워.

※출처 : 2022년 1월 21일 한국 매일경제 기사 참고   ※본 내용은 우리나라에 맞춰 수정되었습니다.

거대한 얼음덩어리로 이루어진 북극은 바다 위에, 남극은 육지 위에 얼음이 존재해. 물(바닷물)은 따뜻해지면 쉽게 차가워지지 않기 때문에 육지에 있는 남극이 더 추운 거야.

이런 점이 대단하다멍!

남극도 북극도 우리나라보다 몇 배는 춥다는 게 대단하다멍!

대견이

생물

구별점이 없다 나비와 나방 사이엔 뚜렷한

예쁜 나비야~!

사실은 나방이지만….

긴꼬리산누에나방

나비와 나방 둘 다 마찬가지로 생명이거늘.

시조나무

굴뚝나비

나비는 '날개를 접어서 앉는다', '화려한 날개', '촉각이 얇고 길다' 정도가 특징. 나방은 '날개를 펼치고 앉는다', '수수한 날개', '촉각이 두껍다' 정도를 특징으로 보고 있지.

우리나라에는 약 200종류의 나비와 약 1500종류의 나방이 존재한다고 해. 사실 나비와 나방에는 뚜렷한 구별이 없고 둘이 같은 친척 사이야. 하지만 우리나라에서는 이 둘을 구분해서 보는 경우가 많지.

나비와 나방을 분류하는 포인트는 '앉을 때 날개를 접으면 나비, 펼치면 나방', '낮에 날면 나비, 밤에 날면 나방', '화려한 날개는 나비, 수수한 날개는 나방', '촉각이 얇고 길면 나비, 두껍고 털이 있으면 나방' 정도가 있지.

근데 날개를 펼치고 앉는 나비나 낮에 나는 나방, 수수한 날개를 지닌 나비도 존재하니 나비와 나방을 확실하게 나눌 수는 없어. 그래서 나비와 나방을 구분하지 않는 나라도 있어. 예를 들어 프랑스에서는 둘 다 '파피용'이라고 부르지.

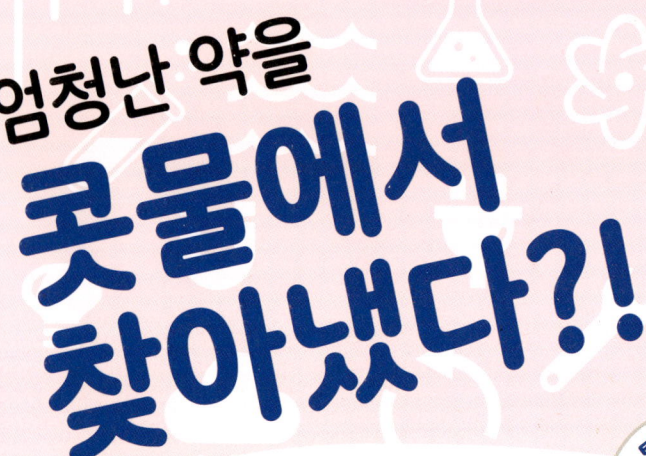

코가 뭘 위해 존재하는지 생각해 본 적 있어? 물론 숨을 쉬기 위한 것도 있지만, 하나 더 중요한 역할을 맡고 있어.

그건 몸 안으로 먼지나 세균이 들어오지 않도록 막는 거야. 먼지는 코털에 걸려 안에 들어오지 못하게 돼. 그리고 세균은 코 안의 점막에서 붙잡아 해치우지. 균의 시체, 먼지, 점막 세포가 뭉친 것이 바로 '코딱지'야.

최근 코의 점막에 사는 균에 엄청난 힘이 있다는 사실을 알아냈어. 이 균이 만들어 내는 물질로 세균을 죽일 수 있는 약(항생 물질)을 만들어 낼 가능성이 생겼거든. 게다가 지금까지 약이 듣지 않던 세균에도 효과가 있으리라 보고 있지.

이런 대단한 균이 네 코딱지 안에 있을지도 몰라.

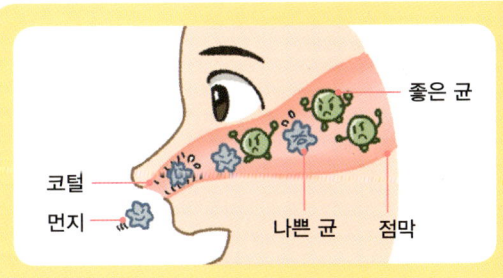

코 안에는 인간의 세포와 아군인 균이 나쁜 세균과 싸우고 있어. 그 시체나 먼지 따위가 뭉쳐서 굳은 것이 코딱지야. 싸움의 흔적이지.

이런 점이 대단하다멍!

코딱지는 좋은 균이 인간을 위해 싸워 준 증거다멍!

대견이

입안에 있는 균은
변기에 있는 균보다 수가 많다

화장실의 변기에는 균이 많을 거라 생각하겠지만, 사실 균은 그렇게 많지 않아. 균은 생물체이기 때문에 매끈매끈하고 건조한 곳에서는 살기 힘들거든.

이와는 반대로 균의 먹이가 풍부한 곳은 올록볼록해 더러워지기 쉽고 늘 축축한 곳이야. 맞아, 사람의 입안이 살기에는 딱이지.

따라서 입안에는 2000억 이상의 균이 존재해. 개중에는 충치의 원인이 되는 균, 몸 안에 들어가면 병을 일으키는 균도 있지만 대부분은 아무런 해도 없는 균이야.

반대로 화장실에 살고 있는 균에는 나쁜 녀석들이 많아. 균의 수는 적지만 그렇다고 입안보다 깨끗한 건 아니라는 거지. 균의 숫자만 가지고 깨끗한가 아닌가를 판가름하지는 말아 줘.

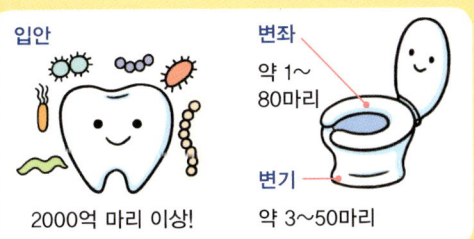

입안에 비하면 화장실 변기에는 균이 적다. 단, 화장실을 청소하는 솔은 조심해야 한다. 축축한 채로 두는 경우가 많아 균이 번식해 8억 마리 정도가 존재한다.

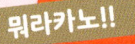
뭐라카노!!
균이 적다고 볼일을 본 뒤에 손 씻기를 건너뛰면 안 돼!

딴지성게

온천에서 피부가
매끈매끈해지는 건
피부 표면이
녹기 때문

온천에 몸을 담그면 기분이 참 좋지. 이때 손이나 발이 미끌미끌, 매끈매끈하다는 생각이 든 적 없어? 탕 안에 있는데 마치 비누칠을 한 것처럼 말야.

그런 느낌이 든 이유는 온천의 물이 비누와 같은 작용을 하기 때문이야.

온천물의 성질은 장소에 따라 달라. 차이가 나는 이유는 산(酸)이나 알칼리라는 성분 때문이야. 산성인 탕에는 균을 죽이는 성질이 있어서 피부가 청결해지고, 작은 상처의 치료에도 도움을 주지. 알칼리성의 탕은 비누처럼 기름때를 잘게 만들어 떨어지기 쉽도록 하는 성질을 지니고 있어. 알칼리성이 강하면 피부 표면의 때(땀이나 지방으로 더러워진 것)가 살짝 녹아 미끌미끌해지는 거지.

그래서 알칼리성 온천을 '미인탕'이라고도 불러.

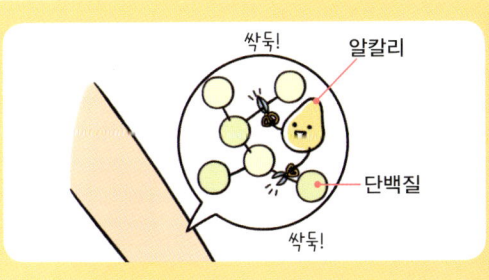

알칼리는 더러움의 성분인 단백질과 기름의 결합을 끊어 잘게 만들어 주는 작용을 해 비누도 알칼리성이므로 더러운 부분이 떨어지는 거고.

뭐라카노!!

미인이 됐다 싶었는데
착각이었던 거냐!

딴지성게

정리해서 소개!

우주에서 일어나는 안쓰러운 일

무중력인 우주에서 일하는 건 대단한 일이지. 지상에서는 상상도 못했던 일들이 일어나.

'무중력'이란 우주 정거장의 내부 등 중력을 느끼지 않는, 즉 '물체의 무게'가 사라지는 '무중량' 상태를 말해.

날아다니지 않도록 몸을 고정하고 운동을 해!

근육과 뼈가 물러진다

무중력에서는 약간의 힘으로도 몸을 움직일 수 있으므로 근육과 뼈가 약해지지. 우주인은 하루에 1시간 정도 운동하는 것이 의무일 정도야.

점프하면 돌아올 수 없다

무중력에서 점프를 하면 그대로 위쪽으로 날아가 버려. 자는 동안에도 둥실둥실 떠다니기에 침대에 몸을 고정하고 잠들지.

낫토를 먹으면 큰일이 일어난다

일본의 전통 음식인 낫토는 청국장과 비슷한 발효 식품이야. 실타래처럼 끈적끈적하게 늘어나는 게 특징이지. 우주에서는 낫토의 하늘하늘한 실이 끊어지지 않고 그대로 공중에 떠다니게 돼. 정밀 기계에 달라붙으면 고장의 원인이 될 수 있기 때문에 낫토를 먹는 건 금지되어 있지.

방귀를 뀌면 폭발한다

공기의 흐름이 없기 때문에 방귀가 퍼지면서 사라지지 않아. 구린내도 사라지지 않고, 최악의 경우 폭발할 수도 있지. 우주 정거장에서는 강제로 공기의 흐름을 만들어 낸다고 해. 또한 방귀는 되도록 화장실에서 뀌도록 하고 있지.

똥 냄새를 맡았을 땐
이미 똥 가루를 들이켠 상태

'똥은 냄새나서 싫어. 건드리는 건 상상도 할 수 없어'라고 생각하는 사람, 많겠지? 근데 유감이지만 '똥 냄새가 난다'고 느낀 시점에서 이미 몸 안에 똥의 성분이 들어온 상태야.

인간은 콧구멍 안에 냄새를 느끼는 세포가 존재해. 이곳에 콧구멍을 통해 들어온 냄새나는 작은 가루(분자)가 달라붙으면 냄새 정보가 뇌에 전달되는 구조지. 즉, '똥 냄새가 난다'고 생각했을 때, 미안하지만 이미 가루가 코 안에 들어와 있는 상태인 거야. 참고로 가루는 눈에는 보이지 않을 정도로 작기 때문에, 코로 들어오는 모습을 눈으로 보는 건 불가능해.

콧구멍 안쪽에 있는 세포에 냄새나는 가루가 달라붙으면 신경을 통해 그 정보를 뇌에 전달하지. 이것이 구린내 같은 냄새를 느끼는 구조야.

고양고양한 명언

맛있는 냄새는 맡기만 해도 먹고 있는 것 같은 기분이 든다냥~

중얼냥이

아이스크림의 3분의 1

우리 중 하나는 공기와 마찬가지지만.

비밀로 하자….

그래, 그래.

뭐라카노!!
3개 샀다고 생각했더니 사실은 2개 분량이라고? 속아넘어간 기분이다~!

딴지성게

1은 공기

부드럽고 달콤한 아이스크림. 근데 이런 아이스크림의 내용물 중 3분의 1은 공기라는 걸 알고 있어? 즉, 3단 아이스크림을 사면 그중 하나는 공기라는 거지.

그럼 안에 있는 공기를 없애는 게 좋지 않나 싶겠지만 그렇지가 않아. 아이스크림의 주된 원료는 우유, 생크림, 설탕. 여기에 바닐라향 등의 향료를 더하고 영하 2~8도의 차가운 온도에서 뒤섞으면 아이스크림이 만들어져. '뒤섞을 때' 충분히 공기를 머금게 하면 아이스크림 특유의 부드러운 식감이 나타나는 거야.

공기가 들어가지 않으면 딱딱한 얼음처럼 되어 버리거든. 공기가 맛의 비밀인 셈이지.

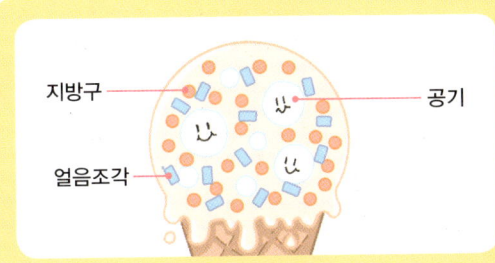

아이스크림의 주요 성분은 얼음 조각과 지방구(우유의 지방을 자잘하게 만든 것). 공기가 균형 있게 들어감으로써 부드러운 식감이 만들어지지.

침은 하루에 페트병 2개 분량이 나오기 때문에 튀는 건 어쩔 수 없다

열심히 말하는 사람의 입에서 튀어나오는 침(타액). '더러워!' 하고 생각할지도 모르겠지만, 침이 튀는 건 어쩔 수 없는 일이야.

왜냐면 사람은 하루 동안 500밀리리터 페트병 2~3개 분량의 침을 흘리거든.

침의 역할은 무척 중요해. 예를 들어 밥을 입에 넣으면 침이 나와 음식과 섞이면서 분해하고 부드럽게 만들어 줘. 또한 음식과 침이 섞임으로써 혀가 그 맛을 느끼게 되지.

그 외에도 치아 사이로 흐르면서 입안에 나쁜 균이 늘어나는 것을 막는 역할도 하지. 침의 양이 줄면 충치가 발생하기 쉽고, 입 냄새가 심해질 수도 있어.

침이 잔뜩 난다는 건 건강하다는 증거야.

침은 음식을 부드럽게 만들어 영양이 몸에 잘 흡수되는 형태가 되도록 바꿔 줘. 또한 치아를 에워싸서 청결하도록 유지해 주지.

새가 주는 새 지식

침에 있는 균의 대부분은 무해하지만 감기 같은 바이러스성 질환에 걸렸을 때는 마스크를 써서 감염 예방을 하는 게 좋습니다.

척척박새

'후-' 할 때와 '하-' 할 때의 온도는 똑같다

뜨거운 걸 식힐 때 '후─' 하고 숨을 뿜어 식히려고 하지. 반대로 손이 찰 땐 '하─' 하고 숨을 불어 따뜻하게 만들고. 이런 식으로 '후─'와 '하─'는 그 역할이 반대지만, 사실 둘의 온도는 똑같아.

입을 열어 공기를 '하─' 하고 뿜을 때의 온도는 체온과 비슷한 정도로 따뜻해. 입을 좁혀 강하게 공기를 내뿜는 '후─'의 숨도 실은 입에서 나오는 순간에는 그 온도가 '하─'일 때와 다를 바 없이 따뜻하지. 하지만 좁은 틈으로 내뿜는 공기는 주변의 공기를 휘감으면서 앞으로 전진, 따뜻한 공기를 날려 버리기 때문에 그런 공기의 움직임을 차갑다고 느끼는 거야.

시험 삼아 손바닥을 바로 앞에 두고 '후─' 해 봐. 따뜻하다는 걸 알 수 있을 거야.

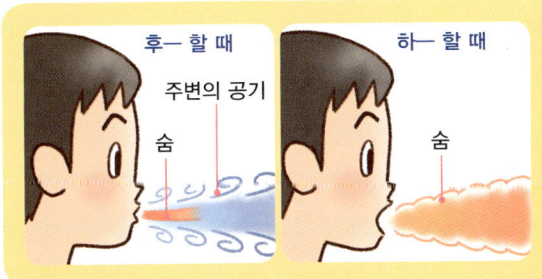

숨의 온도는 체온과 거의 같아. 후─ 하고 좁은 틈으로 숨을 내뿜으면 기세가 붙은 숨결이 소용돌이를 형성. 주변 공기를 휘감으면서 차가워져.

고양고양한 명언

'하-' 하고 부는 쪽이 더욱 기분이 따뜻해진다냥~

중얼냥이

바퀴벌레는 집보다 숲에서 사는 종류가 훨씬 많다

좁고 어두컴컴하며 따뜻한 곳을 좋아하는 바퀴벌레. 집 안에 사는 종류가 많으리라 생각하겠지만, 사실 바퀴벌레의 대부분은 숲에서 살아.

전 세계를 통틀어 약 4000여종의 바퀴벌레가 존재하는데 집 안에서 찾아볼 수 있는 바퀴벌레는 독일바퀴, 미국바퀴, 일본바퀴, 먹바퀴 등 몇 종류 안 돼. 사람의 집이 지내기 편해 오랜 세월을 거치면서 자리잡게 된 종류지.

다른 종류 대부분은 숲속에서 사는데, 나무에 난 구멍이나 썩은 잎 아래 같은 곳에서 숨어 살지.

그런데 바퀴벌레는 왜 바퀴벌레일까? 여러 가지 속설이 있으나 답은 의외로 간단해. 바퀴벌레가 하도 빨라서 마치 바퀴가 달린 것처럼 보여서 붙은 이름이거든.

우리나라보다 바퀴벌레의 종류가 많은 일본의 대왕바퀴는 숲속에서 썩은 나무를 먹어 치우는 익충(도움이 되는 벌레)이야. 또 모습이 아름답기로 유명한 루리바퀴는 수컷만 청금석처럼 푸른색이고 암컷은 검은색이야.

뭐라카노!!

바퀴벌레 따윈 전부 숲에서 살면 좋을 텐데!

딴지성게

뼈가 만들어지는 옆에서
뼈를 먹어 치우는

새로… 만들어야 해…!!

조골 아빠

유통 기한이 얼마 안 남아서 먹어도 된대.

우물 우물

파골 아이들

먹어 버려야 더욱 건강해지는 사람들의 뼈.

시조나무

세포가 존재한다

키는 왜 자라는 걸까? 그건 뼈가 매일 새롭게 만들어지면서 길어지기 때문이야.

그런데 사실 더는 키가 자라지 않는 어른의 뼈도 매일 새로이 만들어지고 있어.

뼈는 계속 그대로 두면 낡기 때문에 조금씩 새로 고칠 필요가 있거든. 새로 만들어야 하는 부위를, 뼈를 먹는 세포가 먹어 치우기 때문이야.

뼈 안에는 뼈를 먹는 세포와 뼈를 만드는 세포가 있어. 낡은 뼈를 먹어 치움으로써 새로운 뼈를 만들어 내는 거지.

매일 조금씩, 어른이라면 약 3년에 걸쳐 온몸의 뼈가 새 걸로 바뀌어. 아이는 새로 만들어지는 뼈의 양이 많기 때문에 키가 자라는 거고.

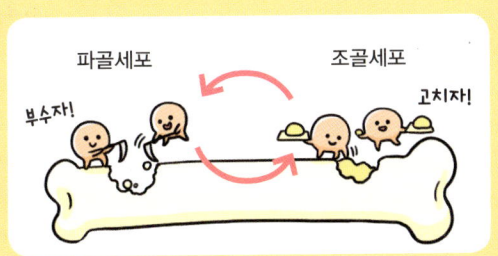

뼈를 만드는 세포를 '조골세포(造骨細胞)', 뼈를 부수는 세포를 '파골세포(破骨細胞)'라고 불러. 둘 다 뼈를 건강하게 유지하려면 빠질 수 없는 세포들이지.

균 중에도 은근 분위기를 파악하는 녀석이 존재한다

인간의 몸에는 늘 수백 종류, 수백조 마리의 '※상재균'이라 불리는 균이 살고 있어. 특히 피부 표면이나 입, 장 속에 많이 있지.

피부에 있는 균은 평소에는 때나 단백질, 땀에 섞인 피지를 먹을 뿐, 딱히 하는 건 없지만 피부 표면에 이러한 균이 존재함으로써 외부의 균이 달라붙지 못하도록 도움을 주는 종류도 많지.

하지만 약간이라도 상처를 입으면 평소에는 얌전히 있던 균의 일부가 독을 내뿜는 나쁜 존재로 변하기도 해. 상처 주위에서 점점 늘어나 회복을 더디게 만들기도 하지.

인간이 건강할 땐 얌전히 있다가 몸이 약해지면 나쁜 움직임을 보이는 균을 '기회주의적 병원균'이라고 불러. 기회주의적이라는 건 주변 분위기를 살피면서 행동한다는 뜻이야.

늘 좋은 행동을 하는 균은 '유익균', 늘 나쁜 행동을 하는 균은 '유해균'이라고 해.

장 안에서 유익균 : 기회주의적 병원균 : 유해균의 비율이 2 : 7 : 1일 때가 균형적이라고 해. 유해균이 늘어나는 걸 막으려면 균형적인 식사가 중요해.

유익균 / 기회주의적 병원균 / 유해균

기회주의자 언제나 같은 편이 되면 좋겠네.

시조나무

※상재균: 생체의 특정 부위에 정상적으로 존재하는 세균.

소의 똥 안에는 바닐라향이 숨어 있다

달콤하고 맛있는 바닐라 아이스크림. 바닐라가 뭔지 알고 있어? <mark>달콤한 향을 내는 향료</mark>를 말해. 이 향기의 정체는 난의 친척인 바닐라라는 식물의 씨앗이 발효될 때 생기는 '바닐린'이야. <mark>천연 바닐린은 무척 비싸지.</mark>

그래서 현재에는 바닐라 이외의 식물로 만든 '리그닌'을 원료로 인간이 합성한 바닐린을 사용하고 있어.

<mark>이 바닐린은 사실 소의 똥 안에서도 추출할 수 있어.</mark> 소는 풀을 먹지. 풀에 포함된 리그닌이 소의 장에 있는 균과의 작용을 통해 바닐린이 되고, 이것이 똥으로 배출되는 거야.

하지만 이 똥에서 바닐린을 추출하는 것보다 합성하는 게 훨씬 싸. 그러니 가게에서 파는 바닐라 아이스크림에 소의 똥이 사용될 일은 없어.

식물에는 식물성 섬유인 '리그닌'이 들어 있지. 소가 먹으면 장에서 바닐린이 돼. 똥에 물을 더해 가열하면 바닐린을 추출할 수 있지.

이런 점이 대단하다멍!

소의 똥에서 바닐라향을 찾아낼 생각을 한 점 자체가 대단하다멍!

대견이

반딧불이는 몸을 빛내 '자신이 맛없다'는 사실을 알리고 있다

반딧불이는 성충일 때만이 아니라 태어나서 죽을 때까지 평생 빛을 내.

성충이 된 수컷과 암컷 반딧불이는 어두운 곳에서도 자신들의 위치를 상대에게 알려 주기 위해 엉덩이에서 황록색 빛을 깜빡거리지.

알, 유충, 번데기가 빛을 내는 건 적에게서 몸을 지키기 위해서야. 몸이 빛나면 오히려 적에게 잘 보일 것 같지만, 그렇지가 않다는 말씀. 반딧불이는 알일 때부터 끔찍한 맛이 나는 물질을 몸 안에 품고 있어. 그리고 빛을 통해 자신은 맛이 없다는 걸 알리는 거지. 적들은 '빛나고 있는 반딧불이는 맛없다!'고 생각하기 때문에 반대로 눈에 잘 보이도록 해 자신을 두려워하도록 만드는 거야.

번쩍

알   유충   번데기   성충

반딧불이의 몸 안에서 특별한 물질과 산소가 반응하며 빛을 내. 수명은 약 1년으로, 성충으로 지내는 2주 동안 아무것도 먹지 않고 알을 낳은 뒤 죽어 버리지.

새가 주는 새 지식

열을 내는 전구는 뜨겁지만, 빛나는 반딧불이를 손에 올려놔도 뜨겁지 않죠.

척척박새

외출하고 돌아오면 손을 잘 씻는 게 좋아. 온갖 것들을 만진 손에는 세균이 붙어 있을지도 모르거든.

하지만 사실 인간의 몸에도 균이 잔뜩 있어. 피부 표면이나 입안에도 잔뜩 있는데, 특히 대장에 가득해. 약 1000 종류나 되는 다양한 균이 100조~수백조 마리나 살고 있어. 균의 무게만 1.5~2킬로그램이나 되지.

이렇게 많은 균이 뭘 하는가 하면, 소화를 돕거나 세균을 무찔러. 또 사람이 먹은 음식물을 영양으로 바꾸고 똥으로 내보내게 만들기도 해. 균은 우리 몸에서 없어서는 안 되는 존재야.

몸에 살고 있는 균은 인간과 서로 협력하며 살아가는 '공생 관계'지. 모든 균을 없애 버리면 사람은 살 수 없을 거야.

인간의 몸을 구성하는 세포의 수는 전부 합쳐 37조 개. 장내 세균은 세포보다 훨씬 작지만, 내장 안에만 100조~수백조 마리나 존재해.

이런 점이 대단하다멍!

수많은 균이 같이 있기에 살아갈 수 있다멍! 고맙다멍!

대견이

'낙엽'은 나무의 배설물로 이루어져 있다

동물은 몸속에서 필요 없는 것을 오줌이나 똥으로 배출하지. 식물의 경우에는 필요 없는 것을 세포에 담은 채 바깥으로 내보내는 경우가 많아.
근데 낙엽이 지는 시기가 되면 필요 없는 것을 잎에 모아 낙엽과 함께 바깥으로 내보내. 필요 없는 것을 담았다는 의미에서 보자면 낙엽은 나무의 '오줌'이라 할 수 있겠지.

이런 점이 대단하다멍!
오줌이 예쁘게 생겼다니, 부럽다멍!

대견이

과자 따위의 붉은색은
곤충으로 만든다

딸기 시럽이나 잼, 햄, 어육 소시지, 어묵 같은 빨간 음식. 그 원재료 명 중에 '코치닐'이라는 게 있을 거야.

코치닐이란 음식을 빨갛게 만들어 주는 착색료야. 코치닐 연지벌레나 락 연지벌레라는 벌레를 뭉개서 색 성분만 추출하여 만든 것이지. 벌레지만 먹어도 몸에 해는 없어.

새가 주는 새 지식

스피룰리나라는 미생물로 만드는 파란 착색료도 존재합니다.

척척박사

북극곰은 털을 깎으면 **흑곰이 된다**

털이 하얗기 때문에 백곰이라고도 불리는 북극곰. 근데 사실 <u>털의 색은 하얀색이 아니라 투명</u>해. 빨대처럼 털 안이 비어 있어, <u>빛을 반사하면서 하얗게 보이는</u> 것뿐이야.
게다가 털 아래의 피부색은 검정색이지. 털을 깎으면 검은색 피부가 드러나게 돼. 온몸의 털을 깎으면 '흑곰'이 되어 버리는 거야.

고양고양한 명언

북극곰의 눈가와 귀의 털을 깎으면 판다처럼 보이겠다냥♪

중얼냥이

재채기의 속도는 자동차만큼 빠르다

재채기는 코 안에 들어온 먼지나 균, 바이러스 따위를 몸 바깥으로 날려 버리기 위해 나오는 거야. 재채기할 때 침이 튀는 거리는 3~5미터 정도라고 하는데, 그 속도가 정말 대단해. 계산하면 달리는 자동차의 속도와 비슷한, 시속 50~60킬로미터나 되지.
감기에 걸렸을 때에는 바이러스를 퍼뜨리지 않도록 마스크를 착용하자.

> 재채기할 땐 반드시 마스크를 착용하리라.

시조나무

펭귄은 의외로
따뜻한 곳에도 존재한다

훔볼트펭귄

펭귄이라 하면 남극에 살고 있다고 생각하기 쉽지만, 그건 <mark>황제펭귄, 아델리펭귄, 턱끈펭귄 3종류</mark>에 불과해. 동물원에서 쉽게 볼 수 있는 <mark>훔볼트펭귄이나 케이프펭귄(자카스펭귄)의 고향은 제법 따뜻한 곳이지.</mark>

그중에서도 훔볼트펭귄은 추위를 싫어해. 겨울에는 둥지를 난로로 따뜻하게 만들어 주는 동물원도 있을 정도야.

뭐라카노!!

'더운 곳에서 고생하는구나~'
싶었더니 괜한 걱정이었냐!

딴지성게

성장기가 되면
여자아이도 목소리가 변한다

남자아이는 성장기가 되면 목소리가 변해. 성장과 함께 목이 변화하는데, 이때 목소리를 내는 성대가 늘어나면서 목소리가 낮아지는 거야. 근데 사실 여자아이도 목소리가 변해. 남자아이에 비해 그리 두드러지지는 않지만, 목소리의 질이나 음역이 달라질 수 있어.
목소리가 변하는 시기는 남자아이는 12~15살, 여자아이는 11~13살이라고 해.

성장기에는 목소리가 남녀 다 달라진다네.

시조나무

과학자의 좌절 알려지지 않은

2 힘내서 연구했는데 좌절!

훅

> 라이벌 때문에 묻혔다!

뉴턴 　　　　훅

로버트 훅. 1635~1703년. 영국의 물리학자. 현미경으로 '셀(세포)'을 관찰하는 데 성공.

다양한 발견을 한 훅

훅은 용수철에 달린 무게추의 무게에 비례해 스프링이 늘어난다는 것을 발견(훅의 법칙). 이 법칙을 이용해 태엽 시계를 발명했다.
또한 현미경으로 세포를 처음으로 관찰했다. 훅은 코르크를 현미경으로 관찰했을 때 보이는 작은 구멍에 작은 방을 의미하는 '셀(세포)'이라는 이름을 주었다. 이러한 명칭은 지금도 사용되고 있다.

뉴턴 때문에 업적이 지워졌다

그러나 이러한 업적에도 불구하고 훅의 이름은 그리 알려지지 않았다. 이는 뉴턴과 사이가 안 좋았기 때문이다.
만유인력의 법칙을 발견한 뉴턴은 훅과 자주 논쟁을 펼쳤다. 훅이 사망한 뒤 뉴턴은 그의 업적을 깎아내리기 위해 초상화까지 부숴 버린다. 훅은 '뉴턴에게 지워진 남자'라 불리고 있다.

파브르

장 앙리 파브르.
1823~1915년.
프랑스의 곤충학자.
평생에 걸쳐 《곤충기》를 썼다.

물거품으로! 연구의 고생이

돈을 모으기 위해 염료 연구에 열중

파브르는 아버지가 장사에 실패하면서 궁핍해지자 14살 때부터 집을 나가 혼자 살았다. 가난한 상황에서도 공부하여 29살에 고등학교 이과 선생님이 되었다.

그리고 곤충에 대한 연구를 발표하거나 과학책을 썼지만 생활은 힘들었다. 그래서 꼭두서니라는 식물에서 간단하게 염료를 추출하는 방법을 연구, 돈을 벌고자 했다.

값싼 염료가 발견되어 연구 가치가 사라지다

꼭두서니의 뿌리에서 추출한 염료는 알리자린이라는 물질을 이용해 천을 붉게 물들일 수 있어 고가에 팔렸다.

파브르는 10년을 투자해 알리자린을 간단하게 추출하는 방법을 찾아냈다. 그러나 비슷한 시기에 훨씬 값싼 석탄을 이용해 알리자린을 합성하는 방법이 발견된다. 오랜 세월에 걸친 파브르의 연구가 헛수고가 된 것이다.

과학자의 좌절 ❷ 알려지지 않은

파스퇴르

의심을 받기도! 너무 청결함을 따져서

세균 투성이….

루이 파스퇴르. 1822~1895년. 프랑스의 미생물학자. 균의 존재를 발견하는 등 의학 분야에서 활약하였다.

눈에 보이지 않는 균의 존재를 깨닫다

화학자였던 파스퇴르는 술에서 신 맛이 나는 문제에 대한 상담을 받았다. 그리고 술 안에 눈으로는 볼 수 없는 미생물, 즉 균이 존재한다는 것을 알아낸다.
이후 음식이나 공기 안에도 다양한 균이 존재한다는 것을 발견한다. 그리고 발효 연구를 통해 유산균과 효모도 찾아낸다. 병원균이 병을 일으킨다는 사실도 규명, 광견병의 백신도 발명했다.

악수를 기피할 정도의 결벽증

한편 파스퇴르는 병원균이 인체에 들어오면 병을 일으킨다는 것을 알게 된 뒤로 중증의 결벽증에 걸렸다고 한다.
접시나 컵이 약간이라도 더러우면 깨끗하게 닦아 내고, 남과 악수를 하는 것도 꺼렸다고 한다. '제균(세균을 죽여 없애는 것)'을 당연시하게 된 현대와는 다른 감각을 지녔던 당시의 사람들에게는 무척 별난 행동으로 보였을 것이다.

3 고물 과학

고물 과학이란…?

쓸모없다. 될 것 같지만 의외로 안 된다.
마무리가 허술하다. 그런 과학.

고물이라니, 혹시 날 말하는 거냣-!

스스로 깨닫다니, 대견하다멍!

고물지수 잘 보면 귀엽다냥~

고물이라고 생각하면서 사는 생물은 없다.

멍멍이의 말이 제일 심하군요.

고물 측정기를 체크!

고물지수

1 살짝 고물
2 약간 고물
3 그럭저럭 고물
4 엄청 고물
5 미안하지만 전혀 쓸모가 없는 고물이다!

이런 곳에도 고물이 숨어 있다?!

자연

생물

계절을 착각한
벚꽃—104

전선에 앉은
새—102

한 그루의
사과나무—124

말
의 다리—108

멜론
의 그물망 무늬—126

도마뱀
의 꼬리—116

감자
의 열매—136

육식 동물
의 눈—118

땅콩
의 열매—145

흰동가리
의 성별—138

너무 뚱뚱해진
거북이—140

몸

몸
의 작동법—106

물벼룩
의 뿔—144

나이를 먹은
눈썹—110

우주

개 있는
콧구멍—114

우주인
의 음료수—143

전선에 앉은 새가
감전될 수도 있다

'감전될 수 있으니 전선은 건드리면 안 된다'는 말을 자주 듣지? 감전이란 몸 안에 전기가 흐르는 현상인데 목숨이 위험해질 수도 있어.

그럼 전선에 앉은 새는 어떻게 멀쩡할 수 있는 걸까? 그건 새가 한 줄의 전선에 앉아 있기 때문이야. 전기는 더욱 잘 지나갈 수 있는 곳을 골라 흐르는 성질이 있기 때문에, 새의 몸을 통과하지 않고 그대로 전선을 따라 지나가거든. 그래서 감전되지 않는 거야.

그런데 큰 새가 날개를 펼쳐 두 줄의 전선에 닿게 되면 위험해. 두 줄의 전선 사이에는 전기가 흐르는 힘의 차이가 존재해서, 더욱 강한 힘으로 흐르는(흐르기 쉬운) 쪽으로 전기가 나아가려 해. 따라서 전기가 새의 몸을 통과해 감전되는 거야.

또한 인간이 끊어진 전선을 건드리면 몸을 통해 지면으로 전기가 흐르려 하기 때문에 감전당하게 돼. 위험하니까 절대로 건드리지 마.

새가 한 줄의 전선에 앉을 경우 전기는 새에 비해 전기가 지나가기 쉬운 전선을 따라 흘러 따라서 전기가 새의 몸 안을 지나가지 않게 되지.

고양고양한 명언

애초에 새들은 전기가 위험하다는 걸 알고는 있을까냥~?

중얼냥이

(평소에 전선은 플라스틱 커버로 둘러싸여 있으므로 끊어지지 않는 한 감전되기 어렵다. 그러나 철탑 같은 곳에 설치된 '고압선'은 감전의 위험이 크다.)

벚나무는 잎이 떨어지면
봄인 줄 알고 꽃을

어라?! 춥네…? 혹시 가을인가?

이런 점이 대단하다멍!
반년이나 일찍 일어나다니, 장하다멍!

대견이

피운다

봄은 벚꽃 피는 계절. 왕벚나무는 기온 등 꽃이 피는 조건이 같기에 한 지역에서 일제히 꽃을 피우지.

그런데 봄에 펴야 할 왕벚나무의 꽃이 가을에 필 때가 있어. 가을에 피면 다음 봄에는 꽃을 피울 수 없지.

벚나무는 여름이 되면 다음 봄을 위해 꽃눈(아기 꽃봉오리)을 만들어. 그런데 이때는 잎사귀에게 '아직 피면 안 돼' 하는 명령을 받고 있지. 겨울 전에 잎이 떨어져도 기온이 낮아 꽃을 피우지 못하고, 따뜻해지는 봄이 되어야 드디어 피게 돼.

그런데 태풍 따위로 여름 사이에 잎이 떨어지면 '아직 피면 안 된다'고 말해 줄 존재가 없어지지. 그래서 봄과 기온이 비슷한 가을을 봄으로 착각해 꽃을 피우게 되는 거야.

봄이 아닌 가을에 벚꽃이 필 때는 언제일까? 여름에 태풍 같은 강한 바람을 맞거나 벌레가 잎을 먹어 치워서 잎이 없어지면 발생하지.

몸은 생각보다 제멋대로 움직이고 있다

바, 방금 그건 제가 아니라 몸이 멋대로!

꼬르르륵…

'자신의 몸은 자신이 제어할 수 있다.' 물론 그리 생각하겠지. 그런데 잠깐 생각해 보자. 예를 들어 수업 중에 배가 꼬르륵할 것 같을 때, '부끄러우니 소리 내지 마' 하고 생각한 적 없어? 이때 자신의 몸을 상대로 '내 말 들어!' 해 봐도 결국 우렁차게 꼬르륵거리지. 참으려고 해도 방귀가 나오거나 화장실에 가고 싶어지는 건 자신의 뜻과는 상관없이 일어나.

살아가는 데 빠질 수 없는 심장의 움직임도 평소에는 의식하지 않지. 걸을 때 좌우의 다리가 자연스럽게 교대로 나아가는 것도 의식하지 않고.

사실 인간의 몸 대부분은 뇌에 의해 자동적으로 제어되고 있어. 평소에 생각을 하는 것은 주로 '대뇌'라는, 뇌의 일부분에 지나지 않아.

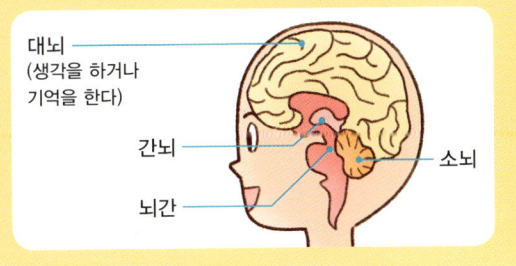

'뇌간'은 심장의 움직임이나 호흡을, '소뇌'는 몸의 운동을 제어하고 있지. '간뇌'는 땀을 흘리게 하는 등 몸의 수분 및 체온 조절을 담당해.

고양고양한 명언

배가 꼬르륵하는 건 자연스러운 일이니 부끄러워할 것 없다냥~

중얼냥이

빠른 속도로 장거리를 달릴 수 있는 말. 다리는 인간과 그 구조가 다른데, 하나의 발가락에서 손톱에 해당하는 발굽이 자라나 있는 형태야. 말도 다른 동물과 마찬가지로 옛날에는 5개의 발가락을 가지고 있었지만, 4개는 퇴화하여 작아지고 가운데 발가락만이 발달해 커졌다고 해. 지금의 말은 인간으로 치면 가운데 발가락으로만 서 있는 형태인 거지.

가운데 발가락만 발달한 이유는 빠르게 달리기 위해서야. 초식 동물인 말은 천적인 육식 동물에게서 도망치기 위해 더욱 빠르게 달리도록 진화한 거야.

발가락이 5개인 것보다 1개인 쪽이 지면에 닿는 부분이 적고, 다리에 오는 저항이 줄기 때문에 그만큼 빠르게 달릴 수 있다는 말씀. 그리고 한 번 내딛을 때의 보폭을 키우기 위해 다리가 길어졌다는 말도 있어.

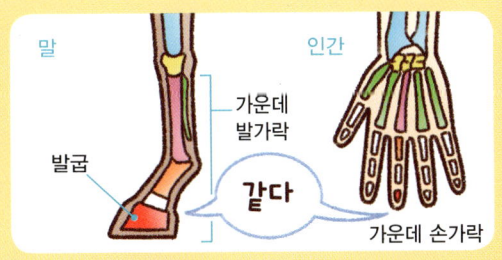

인간의 손가락은 5개로 나뉘어 있지. 인간의 손과 말의 발에서 뼈의 구조를 비교해 보면 인간의 가운데 손가락에 해당하는 부분만이 발달했다는 것을 알 수 있어.

이런 점이 대단하다멍!

언제나 발가락 끝으로 걸어다니다니, 흉내도 낼 수 없겠다멍!

대견이

노인의 눈썹이 긴 것은
빠지는 걸 잊어

버렸기 때문

머리카락은 자르지 않으면 쑥쑥 자라는 데 비해 눈썹은 자르지 않아도 길어지지 않지.

눈썹은 머리카락보다 자라는 속도가 느리며, 눈을 방해하지 않도록 1센티미터 정도의 길이가 되면 자연스럽게 빠지도록 되어 있어.

그럼 노인의 눈썹이 긴 이유는 뭘까?

몸의 털에는 빠지고 나는 주기가 존재하는데, 머리카락은 약 4년, 눈썹은 약 3개월의 주기를 가진다고 해.

평소라면 오래된 눈썹이 빠지고 새로운 털이 나는 주기를 3개월마다 반복해야 하지만, 나이를 먹으면 이러한 주기가 점점 늦어져. 그리고 3개월이 지나도 눈썹이 빠지는 걸 잊어버리고 계속 자라기에 눈썹이 길어지는 거지.

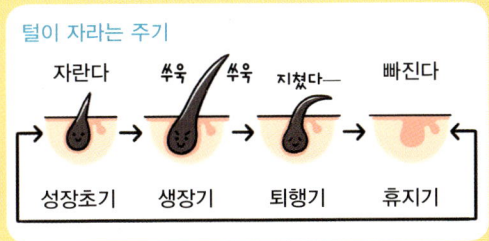

피부 아래에서 자라기 시작한 새로운 털은 영양을 받아 두꺼워지면서 피부 바깥으로 나오게 돼. 오래되면 피부와 연결된 부분이 떨어지면서 빠지게 되지.

청어는 **방귀로 대화** 한다

겨울 별미 중 하나인 과메기는 청어를 말려서 만드는 전통 음식이야. 청어는 북쪽 바다에서 무리 지어 생활하는 물고기지.
큰 물고기나 동물에게 잡아먹히지 않으려고 무리 지어 지내는데, 밤이 되어 어두컴컴한 바닷속에서 어떻게 무리를 짓는지 궁금하지 않아? 사실 청어는 소리로 대화를 나눠.
물 안에서 소리는 멀리 전달되지. 그래서 많은 물고기는 몸 안에 공기를 담는 부레를 가지고 있으며, 이를 이용해 소리를 내지.
근데 청어가 소리를 낼 때에는 엉덩이에서 거품이 나와. 즉, 방귀라는 거야. 무리의 우두머리가 방귀 소리로 신호를 준다고 해.
좀 더 조사해 보면 청어 외에도 방귀로 대화하는 물고기를 발견할 수 있을지 몰라.

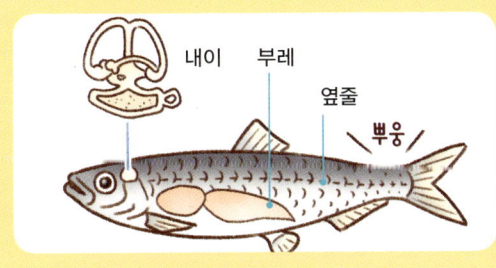

물고기에겐 귀 역할을 담당하는 내이와 물의 흐름과 소리를 감지하는 옆줄이 존재해. 또한 부레를 통해 소리를 듣는 것도 가능하지. 의외로 소리에 민감한 편이야.

새가 주는 새 지식

돌고래나 고래도 물속에서 주파수로 소리를 내 대화를 나눕니다.

척척박새

콧구멍은 **언제나** 둘 중 하나는 **쉬고 있다**

다음 통행은 3시간 뒤입니다~

공기

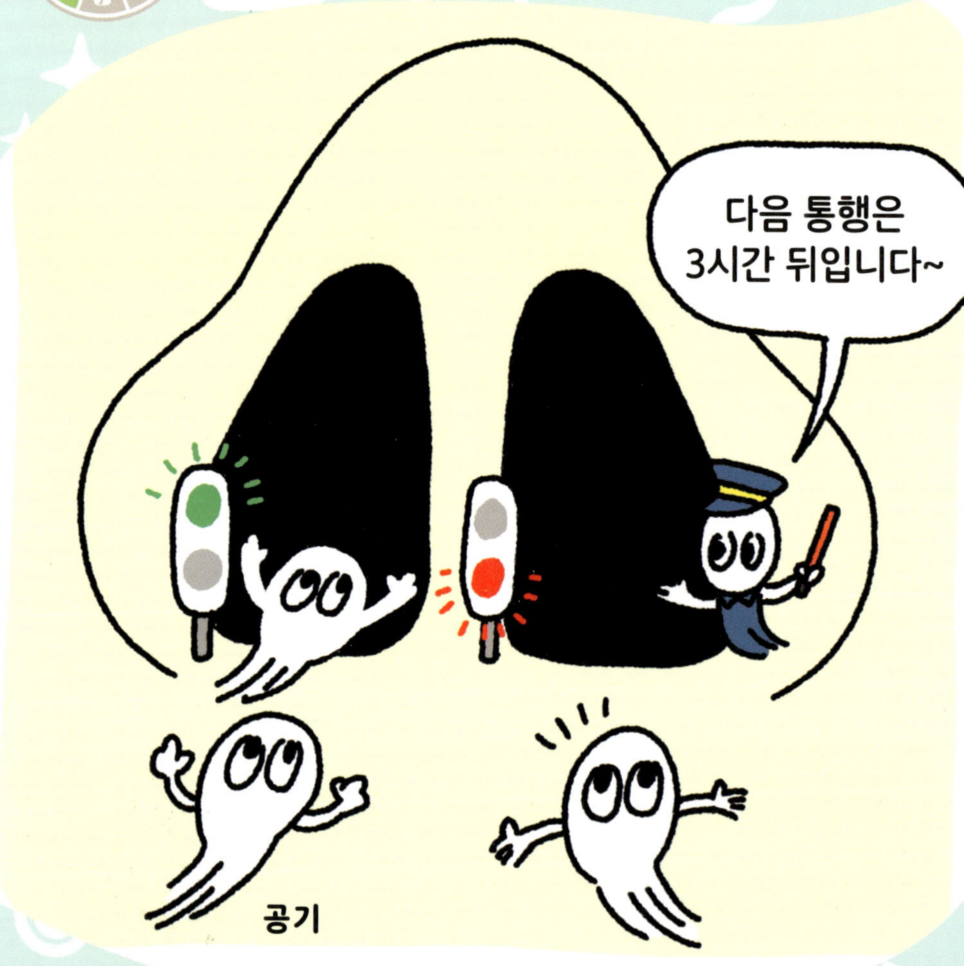

감기에 걸렸을 때 코가 막혀 고생했던 경험이 다들 있을 거야.

사실 코 막힘은 콧물이 틀어막고 있는 게 아니야. 코 안쪽이 살짝 부풀어 공기의 흐름을 나쁘게 만들어 균이나 바이러스가 더 이상 몸속에 들어오지 않도록 하는 거지.

'코 막힘'과 비슷한 현상은 건강할 때에도 일어나고 있어. 2개 존재하는 콧구멍은 평소에 교대로 한쪽은 쉬고, 한쪽은 일한다고 해. 콧구멍은 약 3시간마다 서로 교대로 일하지. 일하지 않는 콧구멍은 안쪽이 살짝 부푼 상태인데, 이것이 코가 막힌 상태가 되는 거야. 다만 그 원인에 대해서는 코가 쉬기 위해서라 추측하고 있지만 정확히 밝혀지진 않았어.

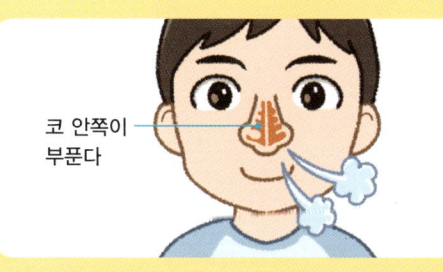

코 안쪽이 부푼다

코 안의 점막이 살짝 부풀어 구멍을 막아 공기가 흐르는 길목을 좁게 만들어. 이를 3시간 간격으로 반복하지. 이것을 '비주기(Nasal cycle)'라고 해.

고양고양한 명언

나와 교대로 일해 줄 존재가 있다는 건 멋진 일이다냥~

중얼냥이

도마뱀의 꼬리는 재생이 가능하지만 완벽하지는 않다

도마뱀은 위험을 느낄 때 자신의 꼬리를 끊을 수 있어.

떨어진 꼬리에 적이 정신이 팔린 사이 도망쳐서 몸을 지키는 거야.

꼬리의 뼈에는 끊어져서 떨어질 수 있도록 이음매가 존재해. 정해진 부분이 떨어지는 거라 피도 별로 안 나지. 도마뱀에겐 꼬리를 원래대로 만드는 세포가 존재하기 때문에, 떨어진 부분에서 새로운 꼬리가 자라나는 거야.

그런데 원래 꼬리보다 작거나 이상한 형태를 띠는 경우도 많아. 또한 꼬리는 재생하더라도 뼈는 재생할 수 없기 때문에 완전히 원래대로 자라는 것도 아니지.

새로운 꼬리가 원래 크기까지 자라는 데에는 8개월 정도가 걸린다고 해. 게다가 다시 자라난 꼬리에 해당하는 부분은 더 이상 끊을 수 없어.

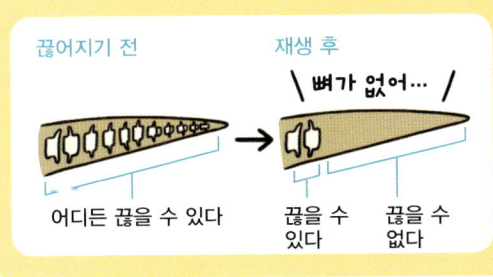

도마뱀의 꼬리는 뼈에 이음매가 존재하기 때문에 떨어질 수 있어. 재생해서 뼈가 없어진 부분은 끊을 수 없지. 꼬리를 끊는 걸 '자절(自切)'이라고 해.

새가 주는 새 지식

다람쥐도 위험할 때 꼬리를 끊지만 재생은 할 수 없습니다.

척척박새

육식 동물은 뒤를 보기 힘들다

처음 가는 심부름이야~!

혼자서도 갈 수 있어!

뭐라카노!!
뒤를 보기 힘들다고 해도, 어차피 뒤돌아보면 들킬 거 아냐!

딴지성게

괜찮을까…?

바로 뒤에서 따라가면 들키지 않을 거야….

슬~쩍…

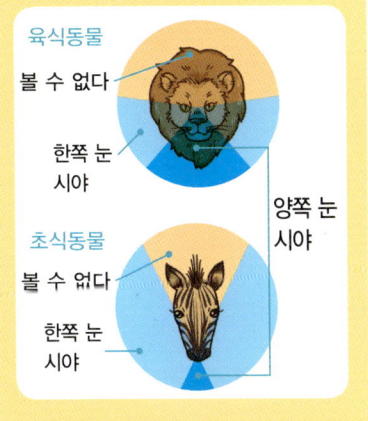

육식동물
볼 수 없다
한쪽 눈 시야
양쪽 눈 시야

초식동물
볼 수 없다
한쪽 눈 시야

육식 동물은 두 눈으로 볼 수 있는 범위를 겹쳐 입체적으로 사물을 포착할 수 있어. 초식 동물은 적을 빠르게 간파하기 위해 각각의 눈이 넓은 곳을 볼 수 있지.

사자나 호랑이 같은 육식 동물과 소나 양 같은 초식 동물은 눈의 위치가 달라. 육식 동물은 얼굴 앞에 눈이 달려 있지만, 초식 동물은 얼굴 양옆에 눈이 달려 있지.

눈의 위치에 따라 보는 방식도 다른데, 육식 동물이 볼 수 있는 범위는 주로 옆에서 앞이야. 두 눈을 이용해 사냥감을 입체적으로 포착하거나 사냥감과의 정확한 거리를 파악할 수 있지. 대신 머리 뒤쪽은 전혀 볼 수 없어.

그런데 초식 동물의 경우에는 앞으로 향한 상태에서도 머리 뒤쪽을 거의 다 볼 수 있지. 뒤에서 육식 동물이 노리고 다가와도 금방 알아채고 도망치기 위해서야. 육식 동물의 바로 뒤에 서 있으면 눈치채지 못할지도?!

정리해서 소개! 몸의 착각

보거나 들을 때 몸이 착각을 일으키는 경우가 존재해.

착각
사진에 찍힌 모습이 이상하다

이런 얼굴 아닌데….

사진 속 얼굴이 자신이 생각하던 것과 다르다고? 사실 평소에 거울을 통해 보는 얼굴은 좌우가 바뀐 상태야. 사진 쪽이 남이 보는 얼굴에 더 가까워.

착각
새끼발가락을 부딪히다

또 나만…

사람은 자신이 생각하는 것보다 1센티미터 넓게 걷고 있어. 뇌가 자신의 발 위치를 정확하게 알지 못하기 때문에, 걷는 위치와 어긋남이 생겨 부딪히는 거지.

뭔가 이상한 목소리…

남과 대화할 때 내 목소리는 공기를 통해 전달되어 상대에게 도달하지. 그런데 스스로는 뇌의 뼈를 통해 전달되어 울리는 목소리를 '내 목소리'로 생각하기 때문에, 상대가 듣는 내 목소리와 약간의 차이가 있어. 이것이 녹음된 자신의 목소리를 '이상한 목소리'라고 생각하는 이유지.

케이크의 크기가 다르다

둘 다 같은 크기!

크기가 같은 물건이라도 하나는 큰 틀에, 다른 하나는 작은 틀에 놓으면 작은 틀 쪽이 커 보인다는 눈의 착각. 예를 들어 케이크를 올린 접시도 틀의 역할을 해. 작은 접시에 올려놓은 케이크가 큰 접시에 올려놓은 케이크보다 커 보이는 거야.

새는 오줌과 똥을 같은 곳으로 내보낸다

하얀색 안에 녹색이나 검은색 가루가 섞인 새의 '똥'. 녹색이나 검은색 가루는 먹은 것을 장에서 소화하고 남은 찌꺼기지만, 하얀 쪽은 사실 오줌이야.

새의 오줌은 사람 같은 포유류처럼 '요소(尿素)'가 물에 녹은 액체가 아니라 하얀 결정인 '요산(尿酸)'이 약간의 물과 섞인 것이지. 하늘을 나는 새는 몸을 가볍게 만들기 위해 몸속에 물을 거의 담지 않는 구조로 되어 있거든.

또한 새는 배설을 위한 구멍이 하나라 오줌과 똥을 같이 내보내. 사람 같은 포유류처럼 오줌을 담는 방광이 존재하지 않으며, 똥을 담는 대장도 크기가 크지 않아 배설물을 몸 안에 쌓지 않고 바로바로 바깥으로 내보내. 이것은 파충류와 곤충도 마찬가지야.

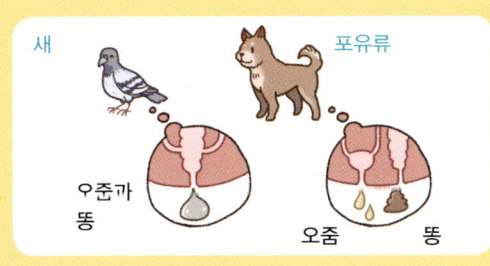

새는 물이 섞인 요산을 하나의 구멍을 통해 배출해. 포유류는 요소를 물에 녹인 오줌과는 별도로 엉덩이에 달린 항문을 통해 똥을 배출하지.

고양고양한 명언

오줌과 똥을 동시에 싸면 시간 절약에 도움이 되겠다냥~

중얼냥이

사과나무는
한 그루만 있으면 열매를 맺을 수 없다

채소나 과일이 어떻게 열매를 맺는지 알고 있어? 꽃 안에 있는 암꽃술 끄트머리에 수꽃술이 만들어 내는 꽃가루가 붙으면 열매나 씨앗이 자라나게 돼.

그런데 <mark>사과나무는 한 그루의 암꽃술과 수꽃술로는 열매를 맺을 수 없는 종류가 대부분이야.</mark> 열매를 맺기 위해서는 암꽃술에 다른 나무의 수꽃술에서 만들어진 꽃가루가 붙어야만 하지. 바람이나 벌 같은 곤충이 다른 나무의 꽃가루를 옮기거나 사람이 꽃가루를 묻혀 줘야 열매를 맺을 수 있어. 이런 걸 '수분'이라고 해.

사과나무를 기르는 사람들은 매년 4~5월에 사과나무의 꽃이 피면 꽃과 꽃을 가볍게 문질러 수분을 도와주기도 하지.

한 그루의 나무만으로 열매를 만들 수 없는 이유는 여러 나무와 맺어지기 위해서야. <mark>살아남을 가능성을 높이는 거지.</mark>

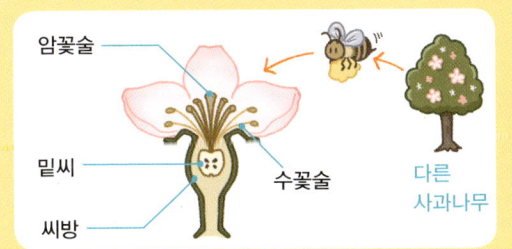

바람이나 벌, 나비 같은 곤충이 가지고 온 다른 사과나무의 꽃가루가 암꽃술에 닿으면 안에 있는 씨방은 부풀어서 열매로, 밑씨는 씨앗으로 자라나.

고양고양한 명언

사람도 고양이도 한 명, 한 마리로는
자손을 남길 수 없다냥~

중얼냥이

멜론의 그물망 같은 무늬는 너무 뚱뚱해서 생긴 것

한창 자랄 때라 금방 옷이 작아지네요….

그물망 같은 무늬가 특징인 멜론. 그런데 열매가 막 생겼을 때에는 매끈매끈하단 사실을 알고 있어?

왜 그물망 같은 무늬가 생기는가 하면 <mark>열매의 내용물이 표면의 껍질보다 먼저 크기 때문</mark>이야.

내용물이 점점 커지면서 <mark>껍질에 쪼개지는 부분이 생기고, 이곳을 통해 즙이 흘러나오지. 이런 즙이 딱지처럼 단단해서 하얗게 굳어 버린 것이 멜론의 그물망 무늬야.</mark>

비유하자면 쑥쑥 자라는 아이가 계속 작은 옷을 입고 있으면 옷이 버티지 못하고 찢어지는 것과 마찬가지. 옷이 찢어진다고 생각하면 불쌍하지만 <mark>멜론의 그물망 무늬는 맛있다는 증거</mark>이기도 해.

그물망 무늬가 생기는 품종인 머스크 멜론은 그물망 무늬가 세밀하고 균등할수록 단맛이 강해 맛있다고 해.

세로로 금이 생긴다. / 가로로도 금이 생긴다.

멜론은 우선 세로 방향으로 금이 생긴 뒤에 가로 방향으로 금이 생겨. 흘러나온 즙이 딱지처럼 단단하게 굳으면서 그물망 무늬를 만들어 내지.

이런 점이 대단하다멍!

스스로 자신의 껍질을 깨는 그 자세, 본받고 싶다멍!

대견이

헤엄을 잘 못 치는

요즘 넙치 녀석이 안 보이네~

모래에 숨는 게 특기거든.

헤엄은 잘 못 치지만….

이런 점이 대단하다멍!

빠르게 헤엄칠 순 없지만 숨바꼭질의 천재구나멍!

대견이

물고기가 있다

물고기라고 꼭 헤엄이 특기인 건 아니야. 종류에 따라 다양한 특징을 가지고 있지. 다랑어나 가다랑어, 전갱이, 정어리처럼 얇고 날렵한 형태를 띤 물고기는 '부어(浮魚)'라고 하는 어류야. 물의 저항을 적게 받는 민첩한 형태를 갖춰, 먹이를 잡아먹기 위해 빠른 속도로 헤엄을 치지. 사람으로 비유하자면 계속 달릴 수 있는 단거리 선수 같은 거야.

한편 넙치나 가자미처럼 넙적한 몸을 지닌 물고기는 바다 밑바닥에 숨어사는 '저어(底魚)'라는 어류로, 빠르게 헤엄칠 수 없어. 먹이를 잡기 위해 모래에 숨어들어 기다린다는 방법을 택했지.

따라서 넙치나 가자미, 아귀 같은 물고기는 먹이한테 들키지 않도록 모래나 바위 같은 형태를 띠고 있어.

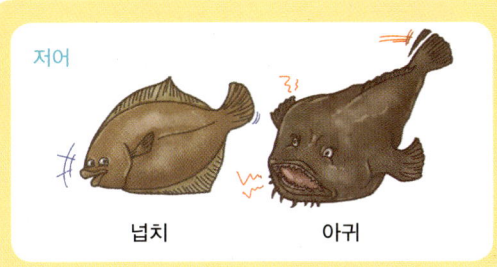

저어에는 넙치나 가자미, 아귀 외에도 가오리, 양태, 붕장어 등이 있어. 일생의 대부분을 바다 밑바닥에서 모래나 진흙 안에 숨어 보내지.

개와 고양이는 친척 사이

1학년 식육목반

내가 왜 여기 있지?

고양이, 개, 곰, 미국너구리, 판다, 사자, 호랑이, 물범. 이 동물들의 공통점은 뭘까?

정답은 바로 조상이 같다는 거야. 고대에 존재했던 미아키스(miacis)라는 동물인데 개와 고양이를 섞어 놓은 듯한 생김새를 하고 있지.

미아키스는 오랜 시간에 걸쳐 2종족으로 진화하게 되는데 평원을 돌아다니던 종족은 갯과로, 산에 사는 종족은 고양잇과로 진화하게 됐다고 해.

동물을 그룹으로 나눌 때 큰 그룹부터 순서대로 '목' '과' '속' '종'이라고 불러. 예를 들어 개는 식육목 갯과 개속의 개, 판다는 식육목 곰과 판다속의 대왕판다(판다)야.

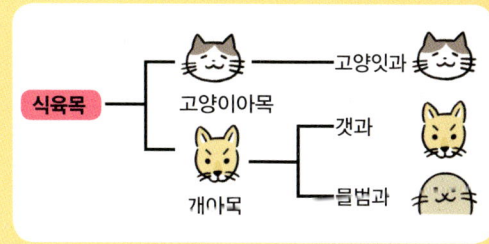

다른 그룹인 '목'과 '과' 사이를 '아목'이라는 더 작은 그룹으로 나누기도 해. 그럴 경우 개는 식육목 개아목 갯과…가 되는 거지.

뭐라카노!!
내 친척은 불가사리와 해삼이지.
…놀랍지 않다고?! 별일이야!

딴지성게

정리해서 소개!

살짝 별난 별 & 별자리

우주에는 별난 모습과 이름이 달린 별이나 별자리가 잔뜩 있어.

모여라! 별난 별

해골형
해골의 얼굴처럼 보이는 별. '스푸키(불길함)', '핼러윈 소행성' 등으로 불리고 있지.

개뼈다귀 형태

이름은 '클레오파트라'. 2개의 소행성이 충돌하면서 이런 형태가 되었다고 해.

UFO형

토성의 위성 중 하나. UFO 형태지만 '판'이라는 이름이야. 이름의 유래는 평평한 판자가 아니라 그리스 신화에 나오는 신에서 따왔어.

다이아몬드로 이루어진 별

'게자리 55 e'는 직경이 지구의 2배나 되는 거대한 별이야. 내부의 대부분이 다이아몬드라고 해.

모여라!
별난 별자리

파리자리
옆에 있는 카멜레온 자리의 먹잇감처럼 보인다는 점에서 파리자리라는 이름이 붙었다고 해.

고질라자리
눈에는 보이지 않는 '감마선'을 내뿜는 천체를 선으로 연결한 별자리. 2018년에 *NASA가 인정한 새로운 별자리야.

머리털자리
여러 별이 모인 성단이 머리털처럼 보여서 만든 별자리. 복잡해서 형태를 알아보기 어려워.

※NASA(미항공우주국)에서 인정한 것이지, 국제천문연합에서 인정하는 88개 별자리에는 포함되지 않는다.

염소는 식사하는 데 **하루 15시간**이나 걸린다

풀을 주식으로 삼는 염소. 그런데 풀을 먹는 데 시간이 무척 많이 걸린다는 사실을 알고 있어? 하루 중 15시간 이상이 식사 시간이야. 잠자는 시간을 제외하면 거의 종일 먹는 셈이지.

왜 이렇게 시간이 걸리냐 하면 풀은 고기에 비해 소화시켜서 영양분으로 만드는 게 훨씬 어렵기 때문이야.

염소는 한 번 삼킨 풀을 위 안에 살고 있는 균이 분해하도록 해. 이걸 입 근처로 끌어올려 한 번 더 씹어서 잘게 만들지. 이러한 움직임을 '반추(되새김질)'라고 해. 여러 번 씹어야 하기 때문에 식사 시간이 오래 걸리는 거지. 염소 외에 양이나 소, 기린도 마찬가지야.

되새김질을 하는 동물을 구분하는 방법은 위쪽에 앞니가 없다는 점이지. 위턱에는 잇몸이 단단해진 '윗잇몸'이 있어. 되새김질을 할 때에는 어금니만 사용하기 때문에 사라진 거야.

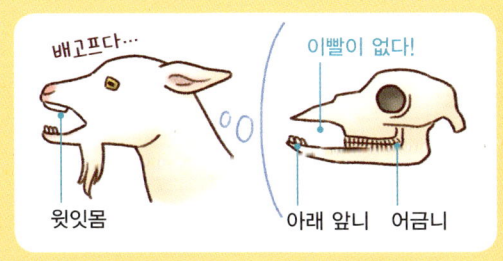

되새김질을 하는 동물의 위턱엔 앞니가 없어. 아래턱에는 앞니가 8개. 위턱에 있는 단단한 판은 먹이인 풀을 자르기 쉽도록 도와주는 도마 같은 역할을 맡고 있지.

새가 주는 새 지식

양이나 염소는 느리지만 꾸준히 먹는 대식가랍니다.

척척박새

감자의 열매는
토마토를 닮았다

보통 감자를 기를 땐 씨앗을 뿌리지 않아. 봄에 감자를 흙 속에 심어 두면 싹이 나서 자라고, 가을이 되면 땅속에 새로운 감자가 생기지. 우리가 먹는 감자는 땅속에 있는 줄기 부분이 자란 거야.

감자는 씨감자를 이용해 기르지만, 씨앗을 통해 자랄 수 있고 꽃도 피워. 품종에 따라 미니토마토와 똑같이 생긴 열매를 맺기도 하지. 사실 감자와 토마토는 같은 가지과에 속한 식물이야. 때문에 열매도 서로 비슷하게 생겼지. 하지만 감자의 열매는 별로 맛이 없고 독이 있는 종류도 있으니까 먹지 않는 게 나아.

참고로 열매 안에 생기는 씨앗을 심어도 감자로 자라. 하지만 감자를 수확하는 데 1년 이상이나 걸리지.

씨감자를 이용하면 3~4개월 안에 자라기 때문에 이쪽이 더 간단해.

감자의 열매는 미니토마토와 똑 닮았어. 처음에는 초록색이지만 열을 가하면 누렇색이 돼. 이 열매를 반으로 가르면 안쪽도 토마토와 비슷하게 생겼지.

뭐라카노!!
'감자의 뿌리만이 아니라 열매도 먹을 수 있다니, 완전 이득!'이라고 생각했는데 독이 있다는 거냐~!

딴지성게

성별이 결정된다 '크기'로

흰동가리는

네가 가장 크네.

저 녀석이 오늘부터 여자인가~

왠지 귀여워 보인다….

흰동가리는 성장하면서 성별이 달라지는 물고기야. 성별이 정해진 채 태어나는 게 아니지. 무리를 지어 성장하면서 가장 몸집이 크고 튼튼한 흰동가리가 암컷이 되고, 다음으로 큰 흰동가리가 수컷이 돼.

그리고 짝을 이뤄 알을 낳지. 바닷속에는 적이 많기 때문에, 되도록 수를 늘리기 위해 가장 큰 흰동가리가 알을 낳는 거야.

만약 암컷이 죽거나 없어질 경우에는 그 암컷과 짝을 이루었던 수컷이 암컷이 돼. 그리고 남은 동료들 중 가장 큰 흰동가리가 수컷이 돼 이 암컷과 짝을 이루지.

흰동가리 부부는 무척 사이가 좋아서 살아 있는 동안 계속 같은 상대하고만 짝을 지어 살아간다고 해.

참고로 성별이 바뀌는 물고기는 사실 약 300종류나 된단다.

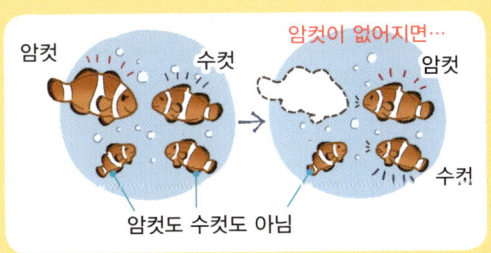

암컷이 없어지면 다음으로 큰 흰동가리가 수컷이 돼. 같은 무리에 속한 다른 흰동가리들은 암컷, 수컷이 정해지지 않은 상태로 생활하지.

크기를 이용해 성별을 나누다니 대사건일세.

시조나무

거북이는 너무 살이 찌면 등껍질 안에 들어가지 못한다

거북이의 등껍질은 뼈와 피부의 일부가 딱딱해진 거야. 위험을 느끼면 머리와 팔다리를 등껍질 안으로 쏙 집어넣어 몸을 지키지. 그런데 너무 살이 찌면 살집이 두터워져 등껍질 안에 몸을 다 집어넣지 못하고 튀어나오게 돼. 거북이를 애완동물로 키울 땐 먹이를 너무 많이 주지 않도록 주의하자.

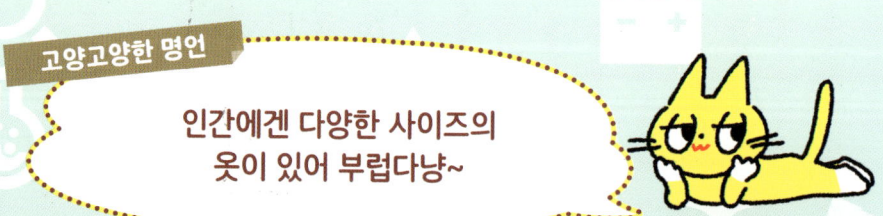

고양고양한 명언

인간에겐 다양한 사이즈의 옷이 있어 부럽다냥~

중얼냥이

바퀴벌레는 뒤로 이동할 수 없다

사실 바퀴벌레는 앞으로 전진할 수는 있어도 뒤로 물러날 순 없어. 그러니 앞과 양옆에 함정을 설치하고 뒤에서 몰아넣으면 퇴치하기 쉬울지도 몰라.
하지만 애초에 바퀴벌레의 복부 뒤쪽에는 공기의 흐름을 민감하게 감지하는 센서가 달려 있어. 그래서 위험한 상황이 다가오기 전에 미리 눈치채는 경우가 많지.

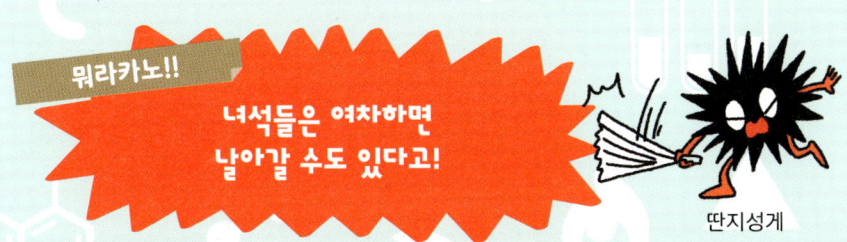

토끼는 나무를 갉지 않으면
이가 계속해서 자란다

토끼는 사람이라면 씹을 수 없는 단단한 나무껍질이나 야채, 마른 풀을 좋아하지. 그래서 이가 닳아도 문제없도록 계속해서 자라나. 그런데 계속 부드러운 야채만 먹으면 이가 닳을 일이 적어져 이빨이 너무 길게 자라고 말아.
그러면 입을 다물 수 없거나, 이빨이 입에 박혀서 병을 앓게 될 수도 있어.

새가 주는 새 지식
토끼의 이빨은 딱딱한 걸 갉아 먹지 않으면 한 달에 1센티미터 이상이나 자란답니다.

척척박새

우주인은 우주에서 오줌을 마신다

인간이 살아가기 위해 꼭 필요한 물. 하지만 우주까지 물을 가지고 가려면 1리터에 약 2000만 원이나 되는 비용이 필요하지. 그래서 우주인들은 물 대신 오줌을 재활용해 마시고 있어.
화장실에는 호스가 달려 있는데, 오줌을 빨아들여서 회수하지. 제대로 여과해서 오줌 성분을 없앤 깨끗한 물로 만들어 마신다고 해.

우주에서는 오줌조차 다시금 사용한다네.

시조나무

물벼룩은 위험한 순간 뿔을 내밀지만 하루가 걸린다

물속에서 사는 물벼룩의 크기는 대략 1~2.5밀리미터. 모기의 유충인 장구벌레를 시작으로 다양한 생물에게 잡아먹히지만, 위험을 느끼면 머리를 뿔처럼 뾰족하게 만들어 몸을 지키려고 해. 그런데 곤란하게도 머리를 뾰족하게 만들려면 24시간에 걸쳐 탈피를 해야만 하지. 그 사이에 적에게 잡아먹히는 경우가 대부분이야.

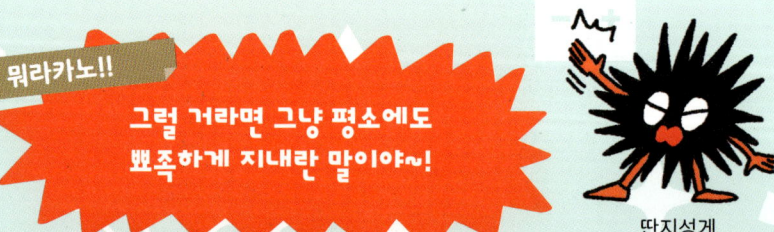

땅콩은 흙으로 돌아가지 않으면 **열매가 나지 않는다**

식물은 흙에서 싹을 틔워 하늘을 향해 자라지. 그런데 땅콩은 지상에서 꽃을 피운 뒤에 <mark>땅콩이 되는 부분을 지면으로 뻗어 흙 안에 들어가 땅콩 열매를 맺어.</mark>

흙 안으로 3~5센티미터 정도 들어갈 필요가 있기 때문에, 흙이 단단하면 파고들지 못해 땅콩도 열리지 않아. 그럼에도 땅으로 파고들려는 이유가 무엇인지는 아직까지 확실하게 밝혀지지 않았어.

새가 주는 새 지식

땅콩을 한자로 '낙화생(落花生)'이라 쓰는 이유는, 꽃(花)이 떨어진(落) 곳의 흙 안에서 콩이 생기기(生) 때문입니다.

척척박새

과학자의 좌절

알려지지 않은 ③ 시대가 안 좋아서 좌절!

아르키메데스

죽었다! 지나치게 몰두해서

아르키메데스.
기원전 287~기원전 212년.
고대 그리스의 수학자이자 물리학자. 시라쿠사라는 나라의 왕을 섬겼다.

발견의 기쁨에 알몸으로 뛰쳐나왔다

어느 날, 임금님이 아르키메데스에게 황금 왕관에 다른 물질이 섞였는지 조사하라는 명령을 내렸다. 아르키메데스는 왕관의 부피를 조사하려고 했지만 그 방법을 알 수 없었다.
그러다 목욕탕에 들어갔을 때, 물체의 부피가 클수록 흘러넘치는 물의 양도 늘어난다는 점을 깨달았다. 아르키메데스는 너무나도 기쁜 나머지 소리를 지르면서 밖으로 달려 나가 임금님에게 이 사실을 알렸다고 한다.

수학에 깊이 빠져 적군 병사를 무시했다

아르키메데스는 로마와의 전쟁에서 투석기 같은 병기를 만들어 내 적을 곤란에 빠트렸다.
그러나 로마군이 쳐들어왔을 때, 로마 병사가 그에게 이름을 물어보지만 모래에 그린 도형 문제에 몰두하느라 이를 무시한다. 병사는 화를 내며 아르키메데스를 죽여 버리고 말았다. 마지막으로 남긴 말은 "내가 그린 원을 밟지 말라!"였다고 한다.

갈릴레오

교회가 화났다!

갈릴레오 갈릴레이. 1564~1642년. 이탈리아의 천문학자. 지구가 태양 주위를 돌고 있다고 주장했다.

관측 결과를 통해 천동설을 의심하다

갈릴레오가 살던 시대의 기독교는 태양을 비롯한 별들이 지구 주위를 돌고 있다는 '천동설'이 맞다고 생각했다. 따라서 지구가 태양 주위를 돈다는 '지동설'은 신의 가르침에 어긋난다며 인정하지 않았다.
하지만 갈릴레오는 직접 망원경을 통해 천체의 움직임을 관찰한 결과 천동설을 의심하기에 이른다.

대발견이 없었던 것으로

갈릴레오는 망원경으로 목성의 네 위성을 발견한다. 그리고 지구 외 다른 별의 주위를 도는 천체의 존재가 지동설이 옳다는 것을 뒷받침하는 증거라고 생각했다. 하지만 이러한 연구 결과는 교회를 화나게 만들어, 갈릴레오는 종교 재판을 받게 된다. 당시에 갈릴레오는 70세. 혹독한 조사에 굴복해 믿음과는 반대로 '지구는 움직이지 않는다'고 맹세해야 했다.

과학자의 좌절 ③ 알려지지 않은

노벨

발명이 전쟁에 사용되었다!

알프레드 노벨. 1833년~1896년. 스웨덴의 발명가. 다이너마이트라는 폭약을 발명.

폭약을 안전하게 취급하는 방법을 고안하다

아버지와 함께 폭약을 만드는 일에 종사하던 노벨은 폭약의 일종인 니트로글리세린을 연구하고 있었다. 그러나 이는 파괴력은 높지만 다루기가 까다로운 폭약으로, 노벨의 동생도 폭발 사고에 휘말려 목숨을 잃을 정도였다.

슬픔에 잠긴 노벨은 연구를 거듭해 흙에 니트로글리세린이 스며들게 하여 충격에 강한 폭약인 '다이너마이트'를 발명했다.

다이너마이트가 전쟁에 이용되다

노벨이 다이너마이트를 발명한 이유는 광산에서 폭파를 통해 철이나 석탄을 간단하게 채굴하기 위함이었다.

그러나 다이너마이트는 동시에 전쟁에도 이용되어, 수많은 목숨을 앗아 갔다. 큰 슬픔에 빠진 노벨은 자신의 재산을 이용해 인류의 평화와 학문의 진보에 기여한 사람에게 상을 주라는 유언을 남겼고, 이것이 '노벨상'이 되었다.

4 안쓰러운 과학

안쓰러운 과학이란…?

갑갑하다. 가슴이 답답해서 괴롭다.
어찌할 바를 모르겠다. 그런 과학.

'안쓰럽다'와 '슬프다'는 뭐가 다를까냥~?

'슬픈 것을 보거나 들어서 속이 답답한 느낌'을 말합니다.

자신 말고 다른 존재에게 안쓰러움을 느끼는, 다정한 기분이다멍!

남에게 신경 쓸 여유가 있기는 해?

안쓰러울 때? 그것은 간식 시간 지나갔을 때.

안쓰러움 측정기를 체크!

안쓰러움지수

- 1 살짝 안쓰러움
- 2 약간 안쓰러움
- 3 안쓰러워서 가슴이 시림
- 4 안쓰러워서 눈물이 나옴
- 5 너무 안쓰러워서 눈물이 그치지 않음

이런 것에도 안쓰러움이 숨어 있다?!

자연

먹기 쉬운
씨 없는 포도 —156

네잎클로버
의 비밀—162

생물

불로불사?!
홍해파리 —154

존재조차 모르는
생물 —172

누에
의 일생—176

빠르게 헤엄치는
다랑어 —183

우주

여행을 떠난
우주탐사기 —152

달
과 지구의 거리—166

빛나는
별의 빛—168

하루
의 길이—170

생활

꿈의
타임머신 —181

발사된 우주 탐사기는 두 번 다시 지구로 돌아오지 못한다

머나먼 우주의 상태를 알아내기 위해 쏘아 올리는 우주 탐사기. 인류가 갈 수 없는 먼 우주를 여행하는 탐사기는 가져간 연료만큼만 움직일 수 있어. 게다가 되도록 가벼워야 오랫동안 움직일 수 있기 때문에 가는 분량의 연료만 싣는 경우가 많아. 이런 경우에는 목적지에 도착하여 최후의 자료를 지구로 보낸 뒤 그대로 우주를 떠다니게 되지.

아니면 역할이 끝나 대기권(지구를 둘러싼 공기의 층)으로 떨어져 불타 사라지는 경우도 있어.

한국 항공 우주 연구원(KARI)은 인공위성 발사장인 나로 우주 센터를 전남 고흥군에 있는 나로도에 건설했지. 이로써 우리나라는 세계 13번째로 우주 로켓 발사장을 가진 나라가 되었어. 이곳에서 로켓이나 인공위성의 조립, 발사, 비행에 관한 연구와 관리를 진행하고 있지.

인공위성이나 우주 탐사기, 운석 등이 대기권에 고속으로 진입하면 공기와 부딪히며 온도가 올라가 불타 버려. 지구에서는 유성처럼 보이지.

새가 주는 새 지식

우리나라 최초의 우주 발사체인 나로호는 2009년과 2010년에 2번의 실패를 겪고 나서 2013년 1월에 3번째 만에 성공했답니다.

척척박새

홍해파리는 불로불사지만 강하지 않다

무척 오래 살고 수명을 알기 어려운 생물은 여러 종류가 존재하지만, 다른 생물들은 다들 나이를 먹고 수명이 다하면 결국 죽어. 그런데 예외인 생물체가 존재해.

바로 홍해파리야. 보통 해파리는 성장하여 알을 낳은 뒤에는 녹아서 죽어 버리지만, 홍해파리는 어째선지 다시 젊어지지. 아이가 되어서 한 번 더 성장해 알을 낳는다… 이걸 몇 번이나 반복하는 거야. 정확히는 '불로(늙지 않음)'가 아니라 회춘(다시 젊어짐)이라고 해야겠지. 하지만 그 이유는 아직 자세히 밝혀지지 않았어.

하지만 홍해파리는 물고기한테 잡아먹혀 간단하게 죽고, 젊어지는 데 실패해 죽기도 해.

참으로 약한 생물이기에 젊어질 수 있는 건지도 몰라.

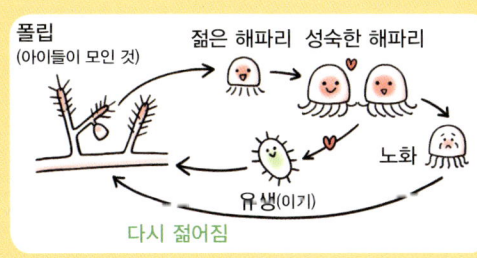

나이를 먹은 홍해파리는 줄어든 세포 덩어리가 되면서 어린 시절의 '폴립'으로 되돌아가. 암컷과 수컷 사이에서 태어난 아기도 폴립으로 성장하지.

> 홍해파리여
> 나이 먹으면 다시
> 젊어지도다.

시조나무

씨 없는 포도는 **자기한테 씨가 있다**고 믿을지도 모른다

좋은 씨앗을 남길게~!!

바이바이~

큰 나무로 자라야 해~!

난 어떤 나무로 자랄까?

열매가 잔뜩 열리는 나무가 되렴~!

'씨 없는 포도'로 팔고 있는 포도는 어떻게 그 수를 늘리는지 궁금한 적 없어? 사실 씨 없는 포도도 평범하게 기르면 정상적으로 씨가 생겨.

씨가 없어지는 것과 관련된 물질은 '식물 호르몬'이야. 식물이 싹을 틔우거나 열매를 맺는 등 성장하는 데 빠질 수 없는 물질이지.

씨 없는 포도에는 식물 호르몬 중의 하나인 '지베렐린'을 사용해. 성장 중인 포도 한 송이당 두 번, 지베렐린을 녹인 물을 주면 씨 없는 포도가 되지.

델라웨어라는 포도의 경우, 첫번째 물은 포도의 꽃이 피기 2주 전쯤 줘. 그러면 꽃가루가 암꽃술에 달라붙기 어려워져 씨앗이 잘 생기지 않지. 두번째는 꽃이 피고 열매가 부풀기 시작할 때야. 씨앗이 없어도 지베렐린이 성장을 부추겨 열매만 커지도록 만들지.

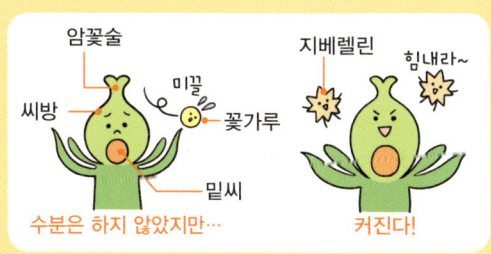

꽃가루가 암꽃술에 붙어 수분이 일어나면 밑씨가 씨앗으로, 씨방이 열매로 변해. 지베렐린이 성장을 응원함으로써 ※수분이 일어나지 않아도 열매가 커지는 거야.

이런 점이 대단하다멍!

씨앗이 없어서 먹기 편하다니 감사한 일이다멍!

대견이

※암술에 수술의 꽃가루를 붙여 줌.

인간은 우주에는 갈 수 있어도
지구 중심에는

도착~!!

갈 길이 너무 멀어….

중심은 훨씬 더 아래야~

단단하지~?

새가 주는 새 지식

인간이 지구에서 가장 깊게 판 굴은 깊이 12킬로미터, 러시아에 있습니다.

척척박새

갈 수 없다

자연

한 번쯤 우주에 가 보고 싶다. 그렇게 생각하는 사람이 많을 거야. 우주는 의외로 가까워서 지상에서 100킬로미터만 위로 가면 도착해. 사실 우주보다 훨씬 먼 곳은 지구의 중심이야. 지상에서 약 6400킬로미터나 가야 하거든. 그런데 지금까지 가장 깊게 판 구멍은 깊이가 12킬로미터 정도에 불과하지.

왜냐하면 일단 지면 안의 암석이 단단해서 파는 것 자체가 힘들기 때문이야. 또한 지면으로 파고들수록 주변에서 밀어붙이는 힘도 강해지기 때문에 파도 금방 무너져 버려.

그리고 온도도 올라가지. 지하로 12킬로미터만 파도 온도는 약 180도까지 올라가. 게다가 지구 중심부의 온도는 6000도에 이르기 때문에 기계라도 녹아 버리고 말아.

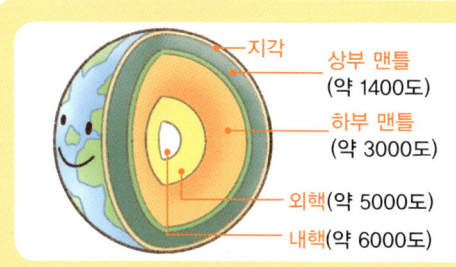

인간이 살아가는 '지각'은 지구의 표면이야. 그 밑에 암석으로 이루어진 '맨틀', 철로 이루어진 '핵'(외핵과 내핵)이 존재해. 중심에 가까울수록 온도가 높지.

바이러스는 어느 쪽에도 속하지 못한 왕따 같은 존재

감기에 걸려 콧물이나 기침, 열이 나는 것은 감기 바이러스가 몸 안에 들어왔기 때문이지. 바이러스를 바깥으로 몰아내기 위해 몸이 싸우고 있다는 증거야.

이 바이러스는 사실 균과는 조금 다른 '존재'야. 균과 바이러스 둘 다 사람의 눈에 보이지 않을 만큼 작은데, 바이러스는 균의 50분의 1 정도의 크기에 지나지 않는 경우가 많아.

애초에 몸의 기본이 되는 작은 부품인 '세포'를 지닌 존재를 '생물'이라 보고 있지. 균은 세포를 지니고 있지만, 바이러스에겐 세포가 없어서 생물체로 취급하지 않는 경우가 많아.

하지만 한편으로는 자손을 남기기 위한 정보를 지닌 '유전자'를 지닌다는 점에서는 생물로 볼 수 있기도 해. 참으로 신비로운 존재지.

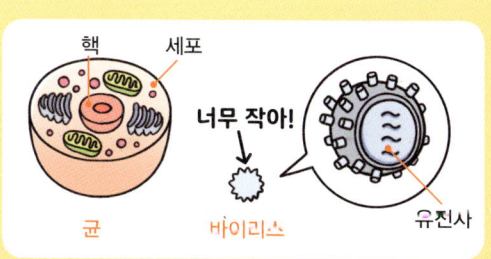

'세포'는 중심이 되는 '핵'을 포함해 다양한 부품을 세포막이 둘러싸고 있어. 균은 세포지만 바이러스 안에는 유전자만 들어가 있지.

새가 주는 새 지식

작은 바이러스는 몸 안에서 세포에 침입하면 폭발적으로 늘어납니다.

척척박새

행운의 네잎클로버는 밟혀서 생기기도 한다

자연

"네 잎이다! 행운이네!"

"엥— 왜 뽑는 거야~?"

밟혀도 굴하지 않고 성장했는데~

원기(아기 잎)

악-!!

'네잎클로버를 발견하면 행운이 찾아온다'고들 하는데, 애초에 왜 네 잎과 세 잎이 존재하는 걸까?

클로버는 원래 잎이 3개야. 그런데 잎이 아기일 때(*원기) 사람에게 밟히거나 해서 상처가 나면 이런 다친 부분이 갈라져서 두 장의 잎으로 자라, 총 네 장의 잎을 지니게 되는 거야.

네잎클로버는 사람이 없는 야생보다는 공원이나 학교 같은 곳에 많이 존재해. 이는 밟힐 가능성이 그만큼 높기 때문이야.

또한 네잎클로버와 줄기가 이어진 잎은 같은 정보를 공유하기 때문에, 네 잎으로 자라기 쉬워.

네잎클로버를 발견하면 근처를 잘 찾아봐. 다른 네잎클로버를 발견할 수도 있을 거야.

클로버의 잎으로 성장하는 '원기(原基)'는 셋으로 갈라져 있기 때문에 세 잎이 돼. 밟히거나 해서 원기가 넷으로 갈라지는 경우에는 네 잎으로 자라지.

행운의 상징 네잎클로버는 불행의 결과.

시조나무

※원기(原基) : 앞으로 어떤 기관이 될 것이 예정되어 있으나 아직 형태적, 기능적으로 미분화 상태에 있다.

정리해서 소개! 살짝 무서운 과학

어쩌면 주변에서 일어나고 있을지도 모르는 무서운 과학을 소개.

무서워
전혀 잠들 수 없는 병이 존재한다

'치사성불면증'이라는 뇌의 질병이 있는데, 자려고 해도 잠들 수 없어 그대로 저항력이 떨어져 죽어 버리지. 현재로선 예방법도 치료법도 존재하지 않아.

눈사태의 속도는 특급 열차와 비슷한 정도

무서워

눈사태의 속도는 최대 200킬로미터를 넘어. 이것은 특급 열차에 버금가는 속도야. 거대한 눈사태는 산을 2~3킬로미터 질주하기도 해.

무서워

민달팽이를 먹으면
사망할 수도
있다

민달팽이에 존재하는 기생충이 뇌를 다치게 해 최악의 경우 사망할 수도 있어. 기생충의 대부분은 가열하면 죽어 버리니까 생으로는 절대로 먹으면 안 돼.

무서워

태양은 수명이
다하기 전에
지구를
집어삼킬
정도로
거대해진다

태양은 수명이 다해 불타 사라지기 직전, 크게 부풀어 지구를 집어삼키게 될 거라고 해. 하지만 50억 년 이후의 일이니 지금 걱정할 필요는 없지.

멀리멀리

달은 생각보다 멀리멀리 떨어져 있다

우주

이웃나라 일본의 전래 동화인 '대나무 공주'를 알고 있니? 이야기 마지막에 대나무 공주는 고향인 달로 돌아가게 돼. 근데 사실 달과 지구는 생각보다 멀리 떨어져 있어.

그 거리는 무려 38만 4400킬로미터야. 시속 300킬로미터인 KTX로 약 53일, 시속 1000킬로미터인 비행기로도 약 17일이나 걸리는 거리지. 이해하기 쉽게 지구를 축구공으로 비유하면 달은 테니스공 정도의 크기야. 서로의 거리는 6.6미터로, 초등학교 교실의 입구에서부터 그 앞에 보이는 창문 정도의 거리라고 보면 돼.

참고로 1969년 달 착륙에 성공한 우주선 '아폴로 11호'는 대략 4일이 걸려 달에 도착했어. 대나무 공주가 로켓을 탄 게 아닌 이상 고향인 달에 돌아가려면 제법 고생할 거야.

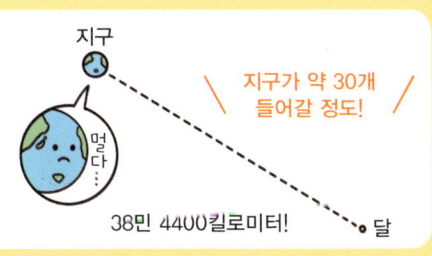

지구와 달 사이는 지구가 30개 들어갈 정도로 떨어져 있어. 태양과의 거리는 훨씬 멀어서 약 1억 5000킬로미터. 지구가 만 개 이상 들어갈 수 있는 거리지.

뭐라카노!!
대나무 공주가 로켓에 탔다면 이별의 목소리도 들리지 않았을 거야!

딴지성게

존재하지 않을지도 모른다
지금 보고 있는 별은 이미

베텔기우스가 사라졌어….

…640년 전에 말이지.

우주

겨울철 별자리인 '오리온자리'에서 유달리 붉게 빛나는 별, 베텔기우스.

베텔기우스는 약 1000만 살로 추측되고 있으며, 별 중에서도 노인에 속해. 별에게도 수명이 있는데, 수명이 다하면 폭발해서 사라지지. 그래서 베텔기우스도 이미 없어졌을지도 모른다는 말도 있어.

'이미 없다'가 아니라 '이미 없을지도 모른다'고 말하는 이유는 빛이 베텔기우스에서 지구까지 도달하는 데 640년이 걸리기 때문이야. 지금 보고 있는 빛은 640년 전(고려 말)에 베텔기우스에서 출발한 빛이며, 지금 당장 폭발해도 이를 깨닫는 건 640년 뒤야.

만약 베텔기우스가 폭발한다면 대낮에도 보이는 밝은 별이 3개월간 빛날 거라고 예상하고 있지.

대부분의 별은 지구와 너무 멀어 지금 어떤 상태인지조차 알 수 없어.

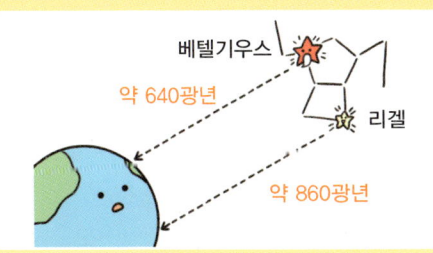

지구와 베텔기우스 사이의 거리는 ※640광년이고 같은 오리온자리의 리겔은 860광년이야. 같은 별자리라도 별에 따라 지구와의 거리가 달라.

고양고양한 명언

지금 보고 있는 별의 반짝임은
전부 머나먼 옛날의 빛이다냥~

중얼냥이

※1광년은 빛이 1년 동안 나아가는 거리.
빛은 1초에 약 30만 킬로미터를 나아간다.

지구가 태어났을 땐
하루가 약 5시간
이었다

우주

하루가 너무 빨라 경치를 구경할 틈도 없네….

지구가 *지축을 중심으로 회전하는 걸 '자전'이라고 해. 24시간에 한 번 회전하고, 이것이 하루가 되지. 내가 사는 지역이 태양을 향하고 있을 땐 낮, 아닐 땐 밤이 돼.

사실 지구가 태어난 46억 년 전에는 하루가 5시간에 불과했어. 지구가 5시간에 한 번 자전했다는 거지. 아침에 태양이 얼굴을 드러내고 1시간이 지나면 낮, 3시간 뒤에는 다음날 아침이 찾아오는 속도였어. 당시에 지구에는 생명체가 없었지만, 그런 속도라면 눈이 핑핑 돌아 정신이 없었겠지?

하지만 지구의 자전은 44억 년 전에 생긴 달의 인력이 제동을 걸면서 점점 느려지게 됐어. 3억 년 전에는 하루가 약 22시간이었지. 달의 인력 때문에 바다에서 밀물과 썰물이 나타나고, 이러한 마찰력으로 인해 점점 자전이 느려지게 됐지.

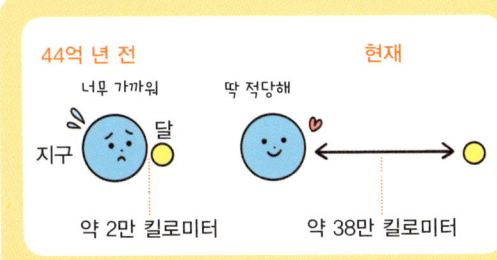

현재 달과 지구의 거리는 약 38만 킬로미터. 달의 인력이 지구가 지닌 자전하는 힘을 빼앗고 있기 때문에, 달은 1년에 3.8센티미터씩 멀어지고 있어.

새가 주는 새 지식

지구의 자전은 지금도 5만 년에 1초 정도 느려지고 있습니다.

척척박사

*지구의 북극점과 남극점을 연결한 선.

발견되지 않은 생물이 잔뜩 있다

 생물

지금도 발견되지 않은 미확인 생물이 엄청 많다고 해. 현재에도 세계에서 1년에 2만종 이상의 신종 생물체가 발견되고 있지.

그런데 포유류나 조류의 신종 발견은 드물어. 포유류나 조류는 발견하기 쉽기 때문에 지금은 거의 다 발견된 상태거든.

만약 <mark>신종을 발견하고 싶거든 곤충을 추천해.</mark> 지금 이름이 붙은 것은 약 <mark>100만종이지만, 지구상에는 합쳐서 약 600만종 정도의 곤충이 있으리라 추측</mark>하고 있어. 사실 지구상의 모든 생물 중 종류가 가장 많은 것도 곤충이야.

큰일인 것은 발견한 생물이 새로운 종인지 아닌지 확인하는 일이지. 전 세계의 도감을 보고 어디에도 실려 있지 않았다는 것을 확인하지 않으면 신종으로 인정하지 않거든.

	포유류	조류	파충류	양서류	곤충
발견된 종류	6000	9000	8000	6000	100만
전부?	6000	9000	1만	1만2000	600만

개구리나 도마뱀 같은 양서류도 총 1만 2000종 가운데 절반 정도밖에 발견하지 못한 상태라고 해. 곤충은 500만종 정도를 발견하지 못한 상태야.

이런 점이 대단하다멍!

발견되지 못한 채 멸종된 생물도 있다고 한다멍….

대견이

지구는 우주에서 보면 쓰레기로 둘러싸여 있다

지금 우주에는 수를 셀 수 없을 정도의 '쓰레기'가 존재해. 게다가 1초에 약 3~8킬로미터의 속도(KTX의 약 100배)로 지구 주위를 돌고 있지. 바로 '스페이스 데브리'라 불리는 우주쓰레기야. 1밀리미터의 작은 크기라도 부딪히면 큰 충격을 주는 무서운 존재지.

그 대부분은 더 이상 쓰지 않거나 고장 난 인공위성, 쏘아 올린 로켓의 파편이야. 작은 것까지 포함하면 약 1억 개 이상의 쓰레기가 존재할 것으로 보고 있어.

현재의 기술로 스페이스 데브리를 회수하는 건 까다로워. 일단 되도록 쓸데없는 설계를 줄이고, 최종적으로 대기권(지구를 둘러싼 공기의 층)으로 밀어 넣어 고온으로 불태우는 등 쓰레기가 늘어나지 않도록 궁리 중이야.

우주 쓰레기
(스페이스 데브리)

우주에 존재하는 쓰레기가 서로 부딪혀 더욱 쓰레기의 수가 늘어나고 있어. 인공위성이나 국제 우주 정거장과 부딪히면 큰 사고가 발생할 위험도 있지.

> 우주 쓰레기
> 버리지 않는 것이
> 제일이라네.

시조나무

어른이 되면 밥을 먹을 수 없어 죽어 버리는 벌레가 있다

꼬륵~
꼬르르 르륵...

이런 점이 대단하다멍!

인간을 위해 힘쓰는
기특한 벌레다멍!

대견이

나방의 친척인 누에나방은 유충이 만든 고치에서 명주실을 뽑아내기 위해 인간이 만들어 낸 품종의 벌레야. 야생에는 누에가 존재하지 않아. 유충은 먹이를 직접 찾아낼 수 없고 몸도 흰색이라 잘 보이기 때문에 천적에게 잡아먹히기 쉬워. 인간이 돌보지 않으면 생존할 수 없지.

누에나방의 일생은 약 50~60일이야. 알에서 유충이 된 뒤 탈피를 거듭해 고치를 짓고 번데기가 되지. 그리고 날개가 달린 성충으로 변하는 거야.

성충은 날개가 있지만 날 수 없으며, 입이 있어도 먹이를 먹을 수 없어. 그럼에도 성충이 되는 이유는 오로지 자손을 남기기 위해서야. 약 2주 안에 수컷과 암컷이 짝짓기를 해 알을 낳은 뒤 아무것도 먹지 못한 채 죽어 버리고 말아.

게다가 대부분의 누에나방은 인간이 명주실을 뽑아내면 그대로 고치 안에서 죽어 버려.

누에나방의 일생

- 교미·산란 (1~3일)
- 알(12일)
- 부화
- 유충(22일)
- 고치 형성 (2일)
- 고치(12일)
- ※우화

유충일 땐 먹이인 뽕잎을 마구마구 먹어. 첫 일주일 동안 평생 먹을 먹이의 80%를 먹어치우지. 그 뒤엔 실을 뿜어 고치를 만들기 시작해.

※곤충이 탈피를 거쳐 유충에서 성충이 되는 과정.

우주의 끝에는

어라…??

드디어 골이야!!

우주의 끝은 존재하지 않기에 끝이 없는 것.

시조나무

영원히 갈 수 없다

우주의 '끝'이 과연 어떻게 되어 있는지 생각해 본 적 있어?
지금 지구에서 볼 수 있는 우주의 끝은 약 464억 ※광년이나 떨어진 곳이야. 그 너머에는 빛이 존재하지 않아 볼 수가 없지. 하지만 보이지 않을 뿐이지 그 너머에도 분명 우주가 펼쳐져 있을 거야.
우주는 지금으로부터 138억 년 전에 아무것도 없는 곳에서 갑자기 태어났어. 그리고 태어난 순간부터 엄청난 속도로 부풀어 가고 있지. 그 속도는 빛보다도 빨라.
그리고 이후로도 줄곧 우주라는 공간은 점점 더 넓어지고 있어.
우주의 끝은 계속 멀어지고 있으며, 앞으로 나아가 빛도 존재하지 않는 어두컴컴한 세계야. 그런 곳에 도달하는 건 결코 쉬운 일이 아니겠지.

지구에서는 빛이 도달하는 범위인 464억 광년의 거리까지만 볼 수 있어. 하지만 '볼 수 있는 우주' 너머에는 훨씬 넓은 우주가 존재하리라 추측하고 있지. 그리고 우주는 지금도 계속 넓어지고 있어.

※1광년은 빛이 1년 동안 나아가는 거리.
빛은 1초에 약 30만 킬로미터를 나아간다.

무당벌레를
시소에 올려놓으면
영원히 날아갈 수 없다

태양을 향해 기어오르다 끄트머리에 다다르면 날개를 펼치고 날아가는 '무당벌레'. 풀 같은 데 올려놓으면 꾸준히 높은 곳을 향해 올라가려는 습성을 지니고 있지.

만약 무당벌레를 시소에 올려놓으면 높은 곳에서 날아가려고 할 때마다 다시 낮은 곳으로 내려가기 때문에, 재차 올라가려는 행동을 반복하게 돼.

이런 점이 대단하다멍!

몇 번이고 초심으로 돌아가
도전을 계속하는 자세가 대단하다멍!

대견이

타임머신으로
미래에는 갈 수 있어도
과거로는 갈 수 없다

미래로 가는 '타임머신'은 이미 존재해. 왜냐하면 ※물체가 빛의 속도에 가까워질수록 시간의 흐름이 느려지기 때문이야. 예를 들어 시속 200킬로미터 이상으로 달리는 KTX를 타고 1000킬로미터 이상 이동하여 밖으로 나가면 그곳은 수억 분의 1초만큼 미래의 세계야. 더욱 속도가 빨라지면 더욱 먼 미래로 갈 수 있지. 하지만 과거로 가는 방법은 아직 전혀 알 수 없는 상태야.

새가 주는 새 지식

빛의 속도는 초속 약 30만 킬로미터.
먼 미래로 가려면 아직 갈 길이 멀어요.

척척박새

※과학자 아인슈타인이 밝혀낸 '특수 상대성 원리'이다.

수명이 3일밖에 안 되는 생물이 있다

바다에 살고 있는 동물성 플랑크톤인 유형류. 크기는 겨우 수 밀리미터에 불과한 경우가 대부분이야. 올챙이 같은 형태로 꼬리를 흔들며 헤엄치지.

보통 플랑크톤의 수명은 몇 주~몇 개월 정도인데, 유형류의 일생은 무척 짧고 수온에 따라 달라지기도 해. 15도에서 7일간, 19도에서 5일간, 25도에서는 3일밖에 살 수 없어.

이런 점이 대단하다멍!

3일밖에 살 수 없지만 1분 1초를 열심히 살아간다멍!

대견이

다랑어는 멈추면 죽어 버린다

폐에 공기를 보내 호흡하는 포유류와는 달리 대부분의 어류는 아가미를 여닫으며 물속의 산소를 몸속으로 보내.
그런데 다랑어는 아가미를 움직일 수가 없어. 그래서 입을 벌린 채 헤엄을 치면서 물과 함께 물 안의 산소를 몸 안으로 들이지. 헤엄을 멈추면 산소를 마실 수 없어 죽어 버리는 거야.

> 다랑어들은 목숨 걸고 헤엄쳐 살아간다네.

시조나무

과학자의 실수로 대발견!

굿이어

우연히 발견 선잠을 자다가

찰스 굿이어. 1800~1860년. 미국의 발명가로 고무의 실용화에 성공했다.

빚을 지면서까지 고무 연구에 매진

당시에 고무는 온도 변화에 약해 여름에는 질척질척 녹고 겨울에는 딱딱하게 굳어 버려 무척 사용하기 까다로웠다.

굿이어는 온도 변화에 강한 고무를 만들고자 수많은 실패를 거듭했다. 돈을 빌려 연구 비용을 충당했지만 계속된 실패로 갚을 수 없어 감옥에 가기도 했다. 그럼에도 연구를 계속했다.

연구에 지쳐 선잠을 자던 중…

어느 날, 굿이어는 고무로 만든 장화를 신은 채 난로 앞에서 꾸벅꾸벅 졸다가 실험에 사용하는 유황을 엎지르고 말았다.

이때 굿이어는 장화의 고무가 변화를 일으켜 튼튼하면서도 잘 늘어나는 성질을 띠게 되었다는 사실을 알아냈다. 고무에 유황을 섞어 열을 가하면 온도 변화에 강해진다는 발견을 통해 고무는 다양한 제품에 이용될 수 있게 되었다.

플레밍

재채기가 발견으로 이어졌다

알렉산더 플레밍.
1881~1955년.
영국의 세균학자.
항생 물질인 '페니실린'을 발견.

재채기로 살균 물질을 발견

플레밍은 병원균을 죽일 수 있는 약(항생 물질)을 발견했는데, 그 발견은 언제나 '실수' 덕분이었다.
어느 날 플레밍은 균이 들어간 샬레(유리 용기) 위에 실수로 재채기를 하고 말았다. 그런데 며칠 뒤에 보니 타액이 떨어진 부분의 균이 사라져 있었다. 이것이 타액에 포함된 살균 물질인 '라이소자임'의 발견으로 이어졌다.

세상에서 처음으로 항생 물질을 찾아내다

그리고 또 다른 날, 플레밍은 병의 원인이 되는 균이 들어간 샬레를 며칠간 방치해 푸른곰팡이가 생기고 말았다. 그런데 잘 조사해 보니 곰팡이 주변에는 균이 사라져 있었다. 곰팡이 안에 있는 '페니실린'이 그 원인이었다.
페니실린은 항생 물질로 병을 치료하는 데 큰 도움을 준다. 라이소자임도 살균 효과를 살려 식품 첨가물 등에 사용되고 있다.

실수로 과학자의 대발견!

사키조

5분의 지각이 계기

5분 지각입니다.

야이 사키조. 1864~1927년. 일본의 발명가. 일본 최초로 전기로 움직이는 시계, 세계 최초로 건전지를 만들었다.

제대로 된 시간을 알지 못해 지각

사키조는 15살부터 시계방에서 조수로 일하면서 기계에 흥미를 품게 되었다.

그리고 더욱 많은 공부를 위해 고등학교에 진학하기로 했다. 그런데 시험 당일, 시계의 상태가 좋지 않아 5분 지각하여 시험을 칠 수 없게 됐다. 당시에 시계는 손으로 감는 태엽식이 대부분이었기에, 시계에 따라 시각이 제각각 다른 것을 당연한 일처럼 여겼기 때문이다.

전기로 움직이는 시계와 건전지를 발명

억울함을 느낀 사키조는 시각이 어긋나지 않도록 전기로 움직이는 시계를 만들고자 생각했다. 연구를 거듭해 '연속 전기 시계'를 완성한다. 그러나 당시에는 액체로 된 전지밖에 존재하지 않았기에, 겨울이 되면 얼거나 액이 흘러나와 못 쓰게 되는 등의 결점이 존재했다.

사키조는 더욱 연구를 거듭해 1887년, 액체가 흘러나올 일이 없는 세계 최초의 '건전지'를 발명했다.

이그노벨상 수상 작품

웃기지만 살짝 도움이 된다!

품! 하고 웃음이 터지며 기운이 나는, '이그노벨상' 수상 작품을 소개할게.

이그노벨상이란?
'남들에게 웃음과 생각할 거리를 준' 연구에게 주는 것이 바로 노벨상에서 이름을 딴 이그노벨상이다. 매년 가을에 미국에서 발표하며, 우리나라 사람도 몇 번 상을 받았어.

바나나 껍질은 잘 미끄러진다

바나나 껍질의 안쪽이 밑으로 간 상태에서 밟으면 껍질이 없을 때에 비해 6배나 미끄러지기 쉽다는 것을 증명했어.

닭은 굳이 말하자면 미인을 좋아한다

다양한 사람의 얼굴을 닭에게 보여 주며 반응을 조사한 결과 인간이 '미인', '멋있다'고 생각하는 인물을 대상으로 닭 또한 좋은 반응을 보였다고 해.

포유류가 **오줌**을 전부 싸는 데 걸리는 시간은 **21초**

포유류는 몸의 크기와 상관없이 오줌을 전부 싸는 데 21초가 걸린다는 사실을 발견했어. 쥐와 소가 오줌 싸는 시간이 같다는 거지. 작은 동물은 조금씩, 큰 동물은 잔뜩 싸기 때문이래.

방귀 냄새를 **막는 팬티**

독한 냄새가 퍼지기 전에 냄새를 제거하는 팬티를 발명. 냄새를 없애 주는 숯으로 만든 필터가 달렸으며, 교체도 가능하다고 해.

아침에 일어나기 힘든 사람에게 추천. 소리를 내며 도망쳐 방구석에 숨어 버리거든. 침대에서 일어나 찾아갈 수밖에 없지.

도망쳐서 숨어 버리는 자명종 시계를 발명

점균에게 미로를 빠져나가는 능력이 있다는 것을 발견

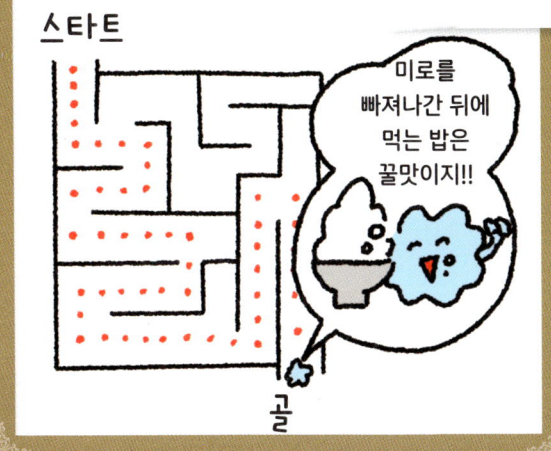

몸이 하나뿐인 세포로 이루어진 '단세포 생물'인 점균. 점균을 미로에 가두고 출구에 먹이를 두자, 가장 짧은 루트를 찾아내 보기 좋게 먹이까지 도달한다는 사실을 알아냈어.

자기 발 냄새가 심하다고 생각하는 사람의 **발 냄새는 심하다**

발 냄새의 원인이 되는 물질에 대해 연구하던 어떤 기업의 연구자가 수상. 반대로 발냄새가 심하다고 생각하지 않는 사람의 발냄새는 심하지 않다고.

나는 꽃 향기

내 케이크, 작지 않아?

사타구니 사이로 보면 사물이 실제보다 **작아 보인다**

사타구니 사이로 보면 깊이를 느끼는 '원근감'이 사라져 멀리 있는 물체가 가까이 있는 것처럼 보여. 즉, '가까이 있는데도 작다'고 느끼기 때문에 작아 보이는 거야.

이그노벨상은 지금까지 32회 개최되었는데, 우리나라 사람은 그중 4번 수상했다고 합니다.

감수 사마키 타케오(左卷健男)

도쿄대학교 강사・전 호세이대학교 교수.
도쿄학예대학 대학원석사과정 수료(물리학과・과학교육).
중학교・고등학교 교사로 26년간 일한 후,
도시샤 여자대학교 교수 등을 거쳐 현재에 이른다.
중학교 이과교과서 편집위원・집필자(도쿄서적).
저서로 [재미있어서 잠들 수 없는 물리](PHP 연구소),
[도해 가까이에 잔뜩 있는 '과학'을
3시간으로 알 수 있는 책](아스카 출판사) 등 다수.

일러스트 토쿠나가 아키코
타카기 마이코
시로시오
미야-기

본문 디자인 무라구치 케이타(Linon)
무라구치 치히로(Linon)
후지이 마나부

편집・집필협력 마츠다 아키코
이케다 케이이치
타케우치 미에코

세계 제일 별난 과학사전

2022년 9월 15일 초판 인쇄
2022년 9월 25일 초판 발행

■**발행인**/ 정동훈
■**편집인**/ 여영아
■**편집**/ 김지현, 김학림, 김상범, 변지현
■**미술**/ 김환겸, 김지수
■**제작**/ 김종훈
■**발행처**/ (주)학산문화사
■**등록**/ 1995년 7월 1일 제3-632호
■**주소**/ 서울시 동작구 상도로 282
■**전화**/ (편집)828-8823, 8826 (주문)828-8962
■**팩스**/ 823-5109
http://www.haksanpub.co.kr

Original Japanese title: SEKAI ICHI TOHOHO NA KAGAKU JITEN
Copyright © 2019 by Akiko Matsuda
Original Japanese edition published by Seito-sha Co., Ltd.
Korean translation rights arranged with Seito-sha Co., Ltd.
through The English Agency (Japan) Ltd.

ISBN 979-11-348-9063-6
ISBN 979-11-348-9062-9(세트)